读故事学管理

孟祥林◎著

ZHEJIANG UNIVERSITY PRESS
浙江大学出版社

序　言 001

第 **7** 部分

没有规矩不成方圆：管理制度

第 **8** 部分

妙用四两拨千斤：管理技巧

第**9**部分

是人都食人间烟火：激励管理

第**10**部分

家有千口主事一人：决策管理

第**11**部分

包子好吃不在褶上：领导素质

管理学无处不在,管理学就在我们身边,我们可以从教科书中学到管理学,可以从自己的领导那里体会到管理学,也可以从电影、文学作品、故事中品味管理艺术。实际上,许多从事一线管理的职业管理者并没有系统地学习过管理学,其管理方法大多是从实践中悟出的。

随着社会经济的发展,人才的获得和培养逐渐成为企业发展的重中之重。但是由于制度设计不合理等原因,各种组织在人力资源管理方面往往出现问题。阅读一些渗透着管理理念的故事,不仅能从干涩的管理学理论中跳出,也可以感受到智慧的启迪和理论的厚度。希望读者在阅读之后能够做到理性的自省,丰富自己的处世技巧,以更好地与他人沟通、配合,出色地完成工作。

本书内容紧扣管理思想,结合管理实践的需要,涉及人力资源管理理论的各个层面,并以管理学为蓝本延伸开去,演绎出具有实战性的管理方法。书中的故事浅显易懂、趣味横生、发人深省，对读者有切实的指导作用。每篇文章皆以有寓意的故事为始，然后对故事中存在的管理问题进行深层次的剖析，探讨故事中问题产生的原因和解决问题的对策。

笔者编写本书的目的在于将传统的管理学理论融入妙趣横生的故事中，让人们在故事中体会管理学的一般思路和方法。目前，虽然市场上已经有一些类似的读物，但大都只注重故事的讲述，忽略了解析。为了使读者学到更多的管理学知识，收获更深层次的启迪，笔者进行了更多思考，倾注了大量心血，不仅选择经典故事，而且对所给出的故事进行深度分析，若能使读者在身心得到愉悦的同时，又不知不觉地审视自己的问题，笔者将感到无限的欣慰。

本书中的某些故事是笔者凭读报纸、杂志的记忆或者是在与朋友交谈时的心得基础上撰写的，在编写故事的过程中笔者有了很多的杜撰，具有类似情节的原故事很难方便地查找到出处，所以在书中没有特别注出。但笔者对这些故事的创作者深表感谢，因为我从中得到了很多启发，从而产生联想，并且在此基础之上阐述我的一些不成熟的观点。

孟祥林

2011 年 12 月于华北电力大学

第 1 部分　**魅力并非无中生有:**

领导权力

管理过程就是理顺管理者与被管理者之间关系的过程。由于管理者与被管理者地位和权力的不对称，被管理者在组织中处于被支配地位，为了从管理者那里得到更多自己需要的东西，被管理者会通过许多方式与管理者建立管理制度以外的联系。若管理者接受了被管理者的这种制度外的行为，管理者就没有办法更好地在所有下属中树立公正、公平的形象，管理者与被管理者之间的团结合作关系就逐渐为利益纠葛所扭曲。因此，组织的成长轨迹以及组织的文化氛围说到底不是取决于被管理者，而是取决于管理者。

管理者正派并且制定的制度严明，则被管理者就会在管理者设计的相对严明的制度约束下努力通过自身的优秀业绩为组织的发展作贡献，并在此过程中从组织中得到应得的回报。形形色色的管理者正在以自己的风格建立着与自己下属之间的关系。这种关系可能是高效的，也可能是低效的，可能是短期的，也可能是长期的。

众叛亲离的领导：孤独的大王

　　作为森林王国的统治者，老虎不仅要应付外来入侵者对自己领地的威胁，还要处理领地内小动物之间出现的矛盾，为森林的和谐付出了很大努力。有一天，它万分疲累，想与猴子、狐狸、黄羊分享自己的喜怒哀乐，并希望得到一些劝告，以便改正自己的缺点，顺利开展工作。老虎看见猴子后问道："你是我的朋友吗？你觉得我有哪些缺点需要改正？"猴子回答说："当然是，但我首先是您的下属，然后才是您的朋友。您在我心中的形象非常高大，所以我只知道去执行您交代给我的任务，您在我心中是没有缺点的。"老虎又去问狐狸，狐狸非常机敏地回答说："猴子说得对，您非常伟大，没有谁会认为您有缺点。"老虎又去问黄羊，黄羊正在低头吃草，看到老虎，它先是一惊，转而非常郑重地回答道："我们每天都沐浴在大王对我们的庇护中，感谢大王还来不及呢，又怎能感觉到大王有缺点呢？"

　　老虎虽用心庇护着森林中的每个动物，但由于它与其他动物之间都是食与被食的关系，其他动物对老虎都具有天然的畏惧。由于地位不对等，这些动物即使看到了老虎的缺陷也是敢怒而不敢言。老虎凭借自己的威严整天对自己的下属发号施令，平时会无所顾忌，在这过程中虽然可能犯了错误，但没有任何一个下属敢于指出该错误。因为指出该错误就可能会得罪老虎，小动物所希望的就是过好自己的生活，不需要与其他人争高低，也不希望与老虎较劲。即使老虎再平易近人，在小动物的眼中它仍然是森林之王，是所有小动物的领导。老虎极力创造一种平等的管理环境，并且想通过交朋友的方式与小动物交往，但小动物仍然不会认为老虎是传统意义上的朋友。因此，当老虎问小动物自己是否是其朋友时，所有的小动物都承认"是"，但在行为上却表现出"不是"，因为在两者之间存在地位不对等和权力不对称。

　　老虎与小动物之间的关系实际上就是管理者与被管理者之间的关系。管理者与被管理者之间很难成为真正意义上的朋友。在一个组织中，两者之间总是会存在基于利益以及权力等方面的矛盾，这种潜在的矛盾一般很难解决。当老虎真心向自己的下属讨教时，小动物会感觉到老虎是在作秀。小动物的思维前提是，没有任何一个老虎能够真心地解决问题，只是在变相地寻找异己，并伺机除掉这个异己。没有任何一个小动物愿意做这样的牺牲品。当然，按照故事中的逻辑，老虎是在真心地寻找朋友，但是老虎的真心并不会换来小动物的直言。

　　在这样的局面下，老虎无法在小动物中间找到自己理想中的朋友。在一个组织中，既定的层级体系在不同等级的组织成员之间建起了一道鸿沟。下属对管理者总是敬而远之，这实际上并不是像猴子所说的那样对管理者的敬畏，而是对管理者的提防。被管理者与管理者多接触意味着失言的概率也提高了。为了减少不必要的麻烦，被管理者对管理者应该退避三舍，这时更多的被管理者就会有求得自保的心态，于是管理者与被管理者之间的心理距离就会拉长。

　　老虎主动找小动物聊天，并希望能与小动物坦诚相见，但是小动物还是非常拘谨，因为小动物搞不清楚大王的诚恳程度。设想故事中如果大王执意要与小动物交朋友，并要求小动物指出自己在工作中的失误，这时大王的诚恳实际上又演变为一种行政命令，这自然仍不能为小动物所接受。小动物自然也希望大王能够真正地以朋友之心对待自己，但是在内心深处总是不能与大王做到平起平坐的。老虎必须让小动物感觉到自己是真心的,这种心血来潮的与下属交朋友的行为不但不能换来下属的配合,而且很可能会使得下属感到大王在"发神经"。因此,老虎为了表示自己的诚意,必须将与下属平等共事的心情作为一种制度确定下来,让所有的下属都能够感觉到管理者是出于真心的,并让被管理者认识到及时指出管理者的过失不但不会招致麻烦,而且还会带来好处。

为此,管理者需要做到:让下属感觉到指出管理者的过失对自己有益;制定能够鼓励被管理者具有指出自己的过失的勇气的制度;在被管理者指出自己的过失时要具有宽容心。只要以制度的方式确定下来,并让所有的被管理者都切实感受到这种制度的真诚,就会有更多的下属能够以比较委婉的方式向管理者提出意见和建议。管理者就会在这样的管理氛围中感觉到"众人拾柴火焰高",被管理者也不会再拒管理者于千里之外,两者之间就不再会过多顾忌管与被管的关系,而是真正实现泰罗制中所谈及的"雇主与工人之间的精神变革",管理者与被管理者之间的合作就会更加默契。

管理者是企业发展的领头羊,但是组织的发展不能完全依靠管理者自身的力量,管理者需要得到下属的支持,只有这样,管理者才不会成为孤家寡人。管理者为了得到下属的支持,需要做到如下几点:第一,合法获得权力。韦伯提出管理者的权力通过三种方式获得:理性合法权利、世袭的权力以及君权神授的权力。在三种权力中只有理性合法权利才是组织发展中管理者应该具有的真正权力,否则权力就会被架空。第二,既往业绩良好。管理者能够通过自身的既往业绩在下属面前树立威信,也只有这样才能使组织成员看到发展的前景。只要管理者具有睿智果断的聪明才智,组织成员能够在追随管理者的过程中达到发展自己的目的,就会拥护和支持管理者,管理者就会真正具有实权。第三,强化团队忠诚。管理者需要通过施展自身的管理才能让组织成员对自己和组织忠诚,而不是人心涣散和各自为政。为此,管理者需要不断地为组织发展创造共同利益,使得组织成员齐心协力。管理者需要意识到自己就是组织中所有成员的代理人。第四,依照规范的制度行使权力。管理者具有权力,但不能依仗权力为所欲为,权力本身也要受到相应的约束,管理者行使权力要以组织的发展和聚拢组织成员为组织发展谋利益为原则,只有这样才能在组织内部树立管理者刚直不阿的形象,从而保障组织的高效发展。

珍惜权力：农夫如此嫁女

　　狮子喜欢上了农夫的女儿，就请求农夫将女儿嫁给他。一想起狮子狰狞的面孔，农夫就觉得害怕和恶心，不忍心将自己的女儿嫁给这样一个野蛮的家伙，但是由于惧怕狮子的尖牙利爪，所以就勉强答应狮子，并要求狮子满足自己提出的一个条件，即剪掉自己的尖牙利爪。狮子为了表示自己的诚意，回家后马上剪掉了自己的尖牙利爪。当狮子再次回到农夫面前的时候，农夫说："你剪掉了你的尖牙利爪，这确实可以表示你的诚意，但你的尖牙利爪终究还是可以再长出来的，如果你能够将尖牙利爪拔掉，就更加能够表示你的诚意了。"

　　狮子虽知道失去牙爪的严重后果，但为表诚意还是忍着剧痛将它们拔掉了。等到身体稍微好一些的时候，它迫不及待地去见农夫。这时的农夫却一改以前的谦恭姿态，举起木棒将狮子赶走。狮子边向远处跑去，边大声嚷嚷着："我以诚相待，你却违背诺言！我太后悔了，现在失去了尖牙利爪，连吃饭的家伙都没有了。"农夫看着狮子说："先前你有尖牙利爪，我非常惧怕你，现在你没有了尖牙利爪，谁还惧怕你呢？没有谁想将自己心爱的女儿嫁给你的，看看你自己的尊容就知道了，你这个丑八怪，怎能配得上我的女儿！"农夫举着木棒追了狮子很远，狮子再也不敢到农夫家求亲了。

　　狮子为了表示自己的诚意将全部的牙爪拔掉，但它的诚意却没有换来农夫的诚意。农夫让狮子拔掉牙爪只是一个陷阱，只是在用狮子的痛苦来换取自己的安全。从故事中可以看到，在开始的时候，农夫只是想让狮子将牙爪剪掉，但农夫考虑到将牙爪剪掉终究还会长出来，还会存在后续的威胁，这并不能达到将狮子赶走并让其死心的目的，所以在几番思考后做出了让狮子拔掉牙爪的决定。狮子为了表示自己的诚意就完全按照农夫的意思做了，但是事情的结局并非如狮子所愿。狮子虽然曾经具有尖牙利爪，但现在已经失去了往日的风光，就像泄了气的皮球，若还想借助自己往日的那种狰狞面孔恐吓农夫，已经不能做到了。农夫最后告诉狮子的话应该是肺腑之言。狮子终于明白之前农夫对自己的"尊敬"不是由于自己全方位的品质适合农夫女儿的要求，而在于自己的尖牙利爪。现在没有了尖牙利爪，人们对自己的态度才是最为真实的。不过狮子对农夫女儿的诚意还是应该值得赞扬的，它为了娶到农夫的女儿情愿永远放弃自己的尖牙利爪的精神还是值得称道的。

狮子与农夫地位不对等，狮子具有尖牙利爪，而农夫只是一介平民，但狮子想从这个平民手中得到自己的心爱之物，以致付出了惨痛的代价。狮子与农夫之间的关系再现了一个组织中管理者与被管理者之间的关系。尖牙利爪表示了管理者拥有的权力。农夫惧怕狮子的尖牙利爪实际上就是惧怕管理者的权力。农夫代表了企业中的被管理者，这些员工身上具备了很多优秀的品质，这些优秀品质是管理者急切需要的。管理者为了得到员工的这些优秀品质有时甚至不惜牺牲自己的权力，管理者为了组织的发展可以牺牲自己的一切，这表明了管理者为了组织的发展而全力以赴的决心。

管理者具有诚心并不意味着被管理者也有。像故事中的农夫一样的被管理者大有人在。这些被管理者利用管理者的心理让管理者让渡权力，管理者为了表示自己的诚心就会按照被管理者的意愿行事，但当管理者让渡自己的权力后，被管理者却不履行自己的诺言。管理者与被管理者之间的这种关系中不是管理者欺骗被管理者，而是被管理者欺骗了管理者。在组织中由于管理者与被管理者之间的权力不对等，被管理者往往会因为惧怕管理者的"狰狞面孔"而勉强答应管理者的要求,但这些许诺往往是违心的。当管理者失去了既有的权力后,被管理者就会露出本来的面目,曾经的管理者也会认识到真实的自己。

　　轻易放弃已有的力量并非明智之举。一个组织中的管理者即使再有自己的人格魅力,如果手中没有权力也不会调动组织中其他成员的工作积极性,管理者具有权力就具有为组织发展作贡献的机会,这也是管理者实现组织发展的平台。被管理者形形色色,管理者不能单纯地听信被管理者的只言片语,放弃自己的实权。管理者应该意识到失去实权就意味着失去了对所有下属的控制权,组织的发展轨迹就可能不会再按照既定的设计发展。管理者一旦失去了既有的控制权,再想索回就非常困难了。管理者为了让自己的下属按照自己设计的思路发展组织,不是一定要用狰狞的面孔来威慑被管理者,通过潜移默化的方式影响被管理者从而让其发自内心地配合管理者做事情,这样的效果可能会比依靠制度和权力直来直去的管理方法更好些。

谦恭为人：张良取履

秦朝末年，张良由于刺杀秦始皇未果便逃到下邳定居。有一天，他在镇东的石桥上遇到一位老先生。老先生故意把鞋子扔到了桥下，叫张良去拾。张良非常气愤，虽不情愿，但想到老先生年事已高，行动不便，就去桥下拾了鞋子上来。当张良将鞋子交给老先生时，本想他肯定会对自己表示感谢的。谁料想老先生不但没有丝毫感谢的意思，而且非常厚脸皮地让张良帮他穿鞋。张良觉得这位老先生非常过分，但想到这并非什么大事，即使心里非常不愉快，但是还是按照老先生的要求做了。可刚刚穿好鞋子，老先生突然将鞋子脱了下来扔了老远，在老先生咄咄逼人的目光下，张良将鞋子又捡了回来，替老先生穿上。在场的人很多，张良觉得自己非常没面子，为老人穿上鞋子后转身就要走。不想他刚刚转过身子，就感觉好像又被人踹了一脚，回头一看是一只鞋，鞋子是刚才那位老先生甩过来的。老先生见张良转过身来，对他说："把鞋子给我穿上。"张良感觉更加没面子，但是先前已经没有面子了，再丢一次面子也无关紧要，于是转过身来恭敬地给老人穿上了鞋子。老先生虽然年事已高，但从其说话时那种气定神闲的样子，张良感觉到这是一个很不一般的人，这样一位老人怎么会在大庭广众之下这样无礼呢？老先生慢慢地将了将长须，说："咱们素昧平生，让你多次给我拾鞋并给我穿上，多有得罪了。"张良虽然心有怨气，但还是非常谦恭地对老先生说："不要客气，晚生做这件事情并不算什么。"这时，老先生从怀中摸出一册书交给张良，这是一部军事著作。张良对这本军事学著作日夜诵读研究，后来成为满腹韬略、智谋超群的汉代开国名臣。

张良得到这本书实际上并非偶然，而是自己内心谦恭的本性所致。老先生在考察人的过程中非常注重备选对象的"德"。经过反复考察，老先生发现张良比较符合要求，于是打算将自己用毕生心血写就的兵书传给张良，希望张良能够将自己的精神发扬光大。应该说在场的人很多，老先生唯独选择了张良，说明张良符合其挑选标准。也许老先生在选择张良之前也选择过很多其他的人，但是这些人都没有像张良一样为老先生捡鞋并给其穿上，或者有些人只捡了一次就耐不住性子了，这些人自然都不符合老先生的选择标准，所以这些人都被老先生淘汰了。老先生试探了张良三次，张良都做到了，假如还有第四次，相信张良还会将鞋子捡回来并像原先一样给老先生穿上。老先生知道张良的为人品性已经在芸芸众生中很难找到了，不用再多试，已经对张良非常放心了。

与现代企业管理相对照，故事中老先生代表的是高层管理者，张良代表了继承其精神并将这种精神能够很好地传承下去的继承人。老先生在选择继承人的过程中非常慎重，经过多次试探后才将自己压箱底的"珍宝"交与张良。应该说，任何人只要具备了常人的智力，拿到老先生这样一部旷世奇书后都会学习并掌握其中的用兵绝技，但是老先生是非常负责任的，一定要选择德才兼备的后生对其兵书进行传承。张良的幸运就在于能够以谦恭的姿态对待素昧平生的老先生，并没有表现出一个年轻人的傲气。张良虽然年轻，但其骨子里已经具备了作为一个高级管理者应该具备的"德"。在管理实践中，对管理者的素质评价一般通过德、识、体、能、绩等几个方面进行。在所有的这些指标中，"德"一直是在第一位。一个人无功无德，即使其专业技术水平再高或者身体素质再好，也不适宜做管理者。因为一个人无德，在不做管理者的时候只会影响其自身，但在做管理者的时候将会影响到整个组织的所有人。老先生以德选人是非常有道理的。

管理者具备高尚的品德对于一个组织的成长是非常重要的。管理者自身的道德水平会通过影响组织文化的发展方式影响整个组织的发展。如果某些人刻意不服从这样的文化,就会被组织中的其他成员视为异端。组织成员在主动或者被动地遵循组织文化的情况下使得管理者的德最后就成为组织中所有成员行为自己的模板。如果管理者本身道德非常高尚,则组织所有成员就会趋向于成为道德高尚的人;反之,管理者道德水平不是很高,则组织中原本道德水平较高的成员最终也会趋向于成为道德水平不高的人。这就是"人以群分,物以类聚"的道理。一般而言,管理者的道德分为三个层次:其一是管理层次。在该层次上管理者的道德水平受到个人利益的影响,管理者进行决策的前提是个人利益,即管理者的行为是为了谋求自身利益的提高,在这样的决策前提下管理者的道德水平就会由于利益约束而受到扭曲。其二是惯例层次。这一层次的管理道德受到他人期望的影响,管理者的管理行为受到法律规范的影响,并在其他重要人物的行为方式下行为自己,在这些道德高尚的人物的影响下,管理者的道德水平会趋向于更高。其三是原则层次。该层次上的管理者的行为方式受到个人辨别是非准则的影响,管理者先前的生活经历以及是非标准等都会影响其行为,于是管理者过去对人对事的看法等都会形成自身的行为准则,这会成为自身做事的行为依据,进而对身边的人或者事产生影响。在不同情况下,管理者的德会在不同方向上影响着组织前进的方向,组织自身和管理者个人于是形成不同的社会形象。

管理者自省：被推翻的餐车

一位老师带着几名学生赶路,正好遇上大雨,道路泥泞,非常难走,于是他们就选择地势较高的、没有积水的地方行走。这时,老师与学生看到山路上停着一辆餐车,由于人困马乏正在那里慢慢前行,后面有很多其他大小车辆跟着。老师对学生说:"不用过多久,这餐车就会翻掉。"学生们非常不解:"老师您又不是神仙,您怎么能够知道这餐车一定会翻掉呢?况且山路上积水很少,道路并不泥泞。"老师并不争辩。师生一行人没有向前走出多远,即听见后面人声嘈杂,餐车果然被推翻了。学生于是开始佩服老师的料事如神,赶紧问老师原因。老师说:"现在下着大雨,只有这条山路比较容易通行,但是由于这个餐车慢慢地在山路上通行,而在这崎岖狭窄的山路上,后面的车辆不可能超越这辆餐车,所有的车辆就都被堵在了路上,加上天下大雨,大家的心情会非常差,推翻餐车加快行路速度就成为山路上所有人的选择,当然餐车被推翻的可能性就很大了。"

这位老师的分析具有一定的道理。推翻餐车是一件非常小的事情,但在这件事情的背后却渗透出了很重要的管理思想。在一个组织中,慢吞吞地走在前面的老板就是这个将要被推翻的餐车。如果老板总是高高在上,自己占据了管理高位后就在这个位子上不思进取,并且根本不思考整个组织内部的成员的想法,以致应该做的事情没有做或者正在做的事情没有做好,组织的成员就像山路上跟在餐车后面行走的车辆一样非常着急，在矛盾被激化的时候组织成员就会产生将老板赶下台去的想法。造成这样的结果的根本原因就是餐车的行动过于迟缓。

在组织发展中，管理者不能高高在上。不关心员工发展的管理者就是不关心自己的地位，因为若管理者不关心组织成员的发展甚至是阻碍组织成员的发展，组织成员迟早会对管理者采取极端措施。无论是为组织的发展考虑，还是为组织成员的发展考虑，组织的管理者都需要改变自己高高在上的姿态，需要在施政过程中做到进退有度，而不是进退维谷。管理者虽然位高权重，但是心态一定要平和。

管理者平时所接触的都是管理层，在接受了高层管理者布置的任务后接下来就是对自己的下属发号施令，于是很多管理者在工作过程中既要保证自己的位置，又要满足下属对自己的希望，在很多时候他们将前者看得非常重以致在一定程度上就降低了对后者的重视程度，这更加会使自己从被管理者中间脱离开来，失去了群众支持的管理者即成为了孤家寡人。管理者为了很好地开展工作，需要有自己的权威，但权威不是依靠高高在上而得以维系的。管理者需要时刻了解下属工作中存在的问题，为自己的下属排忧解难，同时在与被管理者的合作中推进组织的发展，从而为自己和被管理者带来更多的利益。

管理者为了推进组织的发展，最重要的责任在于为组织成员创造公平竞争、心情愉悦的工作环境，在组织前进的道路上不能将道路挡得严严实实，而应该为组织成员的发展创造出个人成长的通道，这就是员工的职业生涯管理。管理者不但要为自己的位置考虑还要为员工的位置考虑，员工努力工作不仅是为了得到更多的物质回报，还需要能够在职位等方面得到组织在制度层面的认可及在组织成员面前展示自己才华的机会。

因此，管理者的责任不仅在于执行制度，还在于创造制度，使得创造出来的新制度能够适合所有组织成员，组织成员能够在组织的发展中看到自己的未来。这就需要管理者首先具有创新意识和危机意识。为了能够培养出较优秀的组织成员，管理者自身首先需要努力学习，树立竞争意识。只有这样，管理者的"餐车"才不会在前进的道路上阻挡他人，后面的人也不会产生推翻"餐车"的念头。组织的发展历程就像是在崎岖的山路上行走，组织发展中在遇到"大雨"这样的危难的时候，组织成员都有将"车辆"推到地势较高并相对干燥的道路上行走的愿望，但是当更多的"车辆"都具有这样的思维倾向时，"车辆"之间就会出现撞车的可能。但走在前面的"餐车"足够快，以致远远超过了后面的"车辆"能够达到的速度，那它们之间就不会产生矛盾，彼此相安无事。此外，在前面的"餐车"还可以为后面的"车辆"提供经验，使得这些"车辆"在同样的山路上能够保持高速并保证不翻车。这种情况下，前面的"餐车"无形中为后面的"车辆"树立了榜样，这样的榜样对山路上的"车辆"只有好处而无坏处，谁又会动"推翻餐车"的念头呢？管理者作为组织发展中的"餐车"，不能阻挡后面的"车辆"前进的道路。但是，这样行动快捷的"餐车"需要时刻保持紧张感，不然后面的"车辆"一旦跟上来就会对自己有怨言。因此，领头的"餐车"需要时刻进行自我管理，只有这样才能保证"餐车"一往无前。

让员工服从自己：空笼可以养鸟

　　两个非常要好的朋友聚在一起,开始谈起各自的嗜好。甲非常喜欢养鸟,而乙不喜欢。甲说:"我有办法让你下决心养鸟。"乙坚决反对,说:"我既然不愿意养鸟,就不会到市场上去买鸟,自然也就不会养鸟。"过了几天,两个人又聚在一起,甲这次给乙带来一个非常精致的鸟笼,乙虽然不喜欢养鸟,但看到这只非常精致的鸟笼后非常喜欢。乙非常高兴,为了表示对朋友的尊重,就将这个鸟笼挂在了自家的客厅中。但是令乙没有想到的是,一旦有客人造访,客人首先就会将注意力集中在鸟笼上,并且问一些像"鸟飞走了吗"、"鸟死掉了吗"、"不养鸟为什么还挂着一个鸟笼在这里"等的问题,有时候让乙很尴尬。但由于是朋友送给的鸟笼,又不好将其从大厅中撤走。

　　后来,有一位朋友在一次造访时给乙带来了两只非常活泼可爱的鸟,并亲自将鸟放入了笼子中,同时还告诉乙饲养鸟的很多注意事项,朋友的无微不至使乙感到盛情难却,接受了朋友的礼物并且开始认真地照顾起笼中的鸟来了。

　　后来,甲到乙家中造访,看到乙已经在精心喂养鸟,非常高兴地说:"你看,我说你可以养鸟的,能够养吧,我相信你现在已经感觉到养鸟的乐趣了,原来你不喜欢养鸟是因为你没有养过鸟,不知道养鸟的乐趣,相信你体会到养鸟的乐趣后,就不会再放弃养鸟这个嗜好了。"乙对甲的说法表示赞同:"我现在已经对这只鸟爱不释手了,每天都要带着鸟到外面逛公园,并且在鸟食方面也要精心搭配,还不时地与一些鸟友相互切磋养鸟的心得体会,我现在已经快成为养鸟的半个专家了!"

乙本来没有养鸟的嗜好，但甲通过一定的技巧让乙最终养上了鸟。在此期间，乙的心里逐渐产生变化：首先是受到鸟笼的影响，其次是受到前来造访的朋友的百般询问的"压迫"，再次是有心的朋友给自己送来了鸟。这样的"三部曲"使得乙不养鸟的决心被击溃，而"三部曲"的开始就是那只精美的鸟笼。鸟笼是诱发乙最终改变养鸟心态的决定力量。在乙看来，鸟笼并没有什么了不起，但是没有想到这却是改变自己养鸟决策的开始。甲在与乙打赌的过程中为了实现自己让乙养鸟的目的并没有采取强硬的方法，而是首先向乙导入一个使其能够激发后续兴趣的诱导因素——鸟笼，然后以此为基础逐渐对乙进行养鸟渗透，逐渐打破乙的心理防线。乙由开始的对鸟持有抵触情绪逐渐变化到喜欢上养鸟，乙养鸟已经由原来的被动行为转变为了主动行为。在养鸟的过程中，乙结交了很多以前从来没有结交过的朋友，并且开始将养鸟作为自己修身养性的一种途径。

甲通过一定的方法最终让本来不喜欢养鸟的乙养上了鸟，这种做事方法非常值得管理者学习。管理者在管理下属的过程中，由于下属的情况各有不同，且彼此之间存在信息不对称，所以管理者需要被管理者做的事情常常由于主观因素而无法被很好地完成。这就会使得管理者的思想无法得到贯彻。被管理者存在逆反情绪是很正常的事情。这就需要管理者通过一定的管理技巧让被管理者服从自己。在此过程中，强硬的管理办法往往不能奏效，通过诱导方式激发被管理者的兴趣，并逐渐让被管理者的个人兴趣发生变化，与组织的发展目标相一致。首先从外在的方面对被管理者施加影响，逐渐让被管理者发生内在的变化，从而使得被管理者的行为由外在的强制转变为内在的自觉，就会达到一呼百应的效果。

一般认为，管理者若要改变员工的行为，需要四个基本条件：目标令人信服；管理相对完善；管理技巧适当；有好的榜样示范。在目标方面，如果组织成员相信组织设计的目标，就会乐于改变自身的行为并服从组织目标，因为如果不这样行为，就会感到自己的行为与组织发生冲突，从而使得自己蒙受损失并感到痛苦，在这种情况下,组织成员就乐于使自己的行为与组织的发展目标相一致并畅想自己的美好未来。在完善的管理体系方面,一般认为完善的管理制度以及运营流程必须与人们的行为相一致。这样,既定目标下的企业成员在行动时就会不断得到强化,管理者在管理过程中就会轻松许多。在管理技巧方面,由于人们需要通过得到适当的提示而进行学习,被管理者在此期间需要接受新信息,将接受的新信息进行消化和吸收,并与自己的既有知识紧密结合起来,再结合自己的行为特点进行表现,这需要时间,所以强硬的管理方法不能奏效。在榜样示范方面,在同一个组织中,不同层级的人会选择不同的榜样,因此每个层级的人员均会成为其他人的行为榜样,在做事情的时候必须说到做到,这样才会对组织中的其他成员起到非常好的榜样作用。榜样虽然处理各自任务的方式不同,但在组织发展中所体现的基本价值是一致的,有助于形成组织成员的一致行为倾向,从而影响组织的发展方向。以上四个方面从不同方向改变着团队的行为模式,进而影响组织的发展。

抓住核心问题：愚人熬汤与刻舟求剑

有做饭经验的人都知道，为了使饭菜相对可口，最直接的办法就是从正在做的饭菜中取出少许尝一尝，如果淡一些则加些盐，如此简单而已。但是有一个人在做这样一件简单的事情的时候却违背了这个原则，以致将这样一件非常简单的事情演变成为了一个愚蠢的行为：有一个人熬了一锅菜汤，在估摸差不多熟了的时候，想尝一尝菜汤的咸淡是否合适，就随手用汤匙从锅中舀了一勺出来尝，尝了一口后觉得非常淡，就将汤勺放在了一边，顺手将盐撒到了锅里。随后又拿起原来的汤勺尝一尝，觉得还是非常淡，于是又向锅中加盐……如此反复多次，但均没有效果，此人也觉得非常奇怪，分明加了多次盐，但为什么锅里的汤还是这样淡而无味呢？此人实际上没有意识到，锅中虽然加了盐，但自己所尝到的汤还是没有加盐之前的汤，当然就会发生这样奇怪的事情了。可以想象，此人最后无论向锅里加多少盐，最后尝到的汤的味道都是不变的。

与愚人熬汤非常类似的就是刻舟求剑。刻舟求剑和愚人熬汤的主人公所犯的错误都是遇到事情不知道变通，处理问题的时候不得要领，于是做出了与自己的预期大相径庭的事情。两者都是"以不变应万变"，只不过这种不变是形而上学的不变。

组织中的管理者如果不能紧随事物的变化而适时地对自己的行为做出调整，就不能够正确认识组织所处的环境，进而做出错误的决策。管理者不能总是以老眼光看组织中的成员。组织成员都在不断地学习和提高自己,同时组织中的成员也在不断变化,这会使得组织的结构和氛围不断变化,管理者要把握组织的新情况,以便能够做出新判断。

世界上唯一不变的就是变化,管理者一定要有足够的心理准备和管理技巧来面对这种变化。管理者只要在变化的思想中考虑问题就会正确地把握事物,在管理过程中就会起到事半功倍的效果。

《西游记》中唐僧管理孙悟空的方法是在不断变化的,其原因就在于孙悟空本身也在变化。孙悟空在最开始的时候不服唐僧的管束,曾经动了"一棒打死唐僧"的念头,这时唐僧多亏有紧箍咒,方可保证人身平安。因此,在唐僧与孙悟空合作的初期,唐僧是在时刻提防着孙悟空的。但是在师徒随后的交往中,唐僧并不再用以前的老眼光看待孙悟空,因为孙悟空在经历各种事情之后逐渐变得成熟起来。孙悟空不但懂得关心与保护师傅,而且还主动承担起管理猪八戒和沙和尚的责任,这时的孙悟空已经由原来的冥顽不灵的猴子全然变成了一个充满责任心的"保镖",不但保护着师傅,而且还保护着两个师弟,责任重大。孙悟空这时才真正履行了保护唐僧的责任。如果这时的唐僧还是用原先的眼光看孙悟空,就会严重挫伤孙悟空的工作积极性,其结果就是,孙悟空不但不会主动保护唐僧,而且还不知道会惹出一些什么样的事端。

环境在变化,人们的思维方式也在变化,这要求管理者要以变化的心态对待组织及组织内部的成员,只有这样才能够真正做到为组织的发展负责。以人们的穿着为例,原来人们的穿着目标是将自己的身体裹得严严实实的,只有这样人们才会觉得自己非常体面,但目前人们的穿着标准已经发生了很大变化,对于女性而言,穿得要"薄、露、少",而且时下越来越流行"乞丐装"。再以人们的吃喝为例,原来人们以吃上大肥肉和精细粮为目标,认为这样才是生活质量高的象征,但目前没有人再以吃大肥肉而自豪,并且非常喜欢吃粗粮,以致原来不能登大雅之堂的粗粮越来越受到人们的青睐，在人们的餐桌上开始唱主角。

　　人们的思想在悄然发生变化，这就需要商家对之进行清晰地认识，不能够及时把握这些变化，就不能为企业的发展提供动力。认识并把握这些变化的责任就落在了企业管理者的身上。如果像故事中的熬汤者或者刻舟求剑者那样，则终将会阻碍企业的发展。为了能够应付这些变化，管理者需要不断地探索新方法，不断调整和创新管理方式，否则锅里的汤已经咸过头了，而管理者却还蒙在鼓里浑然不觉。虽然组织中的成员已经对此看得清清楚楚，但是由于管理者与被管理者之间的权力不对称，没有人愿意以自己的仗义执言去换回管理者对自己的成见，而让组织中的其他利益相关者受益。于是理性的经济人就会在管理者与被管理者之间产生博弈，博弈的结果是组织成员保全自己的小利益而舍弃组织的共同发展，组织的凝聚力因而会大大减弱。

管理不是欺骗：女人并非老虎

　　女人到底是不是老虎,大家自然非常清楚,但在《女人是老虎》这首歌中,女人被视为了老虎。歌词大意是,小和尚到山下化斋,老和尚怕小和尚不能恪守寺院的清规戒律,叮嘱小和尚说:"山下的女人是老虎,见了千万要躲开,否则老虎就会将你吃掉!"但是在穿村过寨的过程中,小和尚渐渐感到"老虎"不吃人而且模样还十分可爱,不知不觉"老虎"已经跑到自己的心里,并且在无奈之余向师傅大喊救命。师傅自然知道小和尚的命不会丢掉,也自然大可不必去救之,只是这样的情况继续下去寺院的清规戒律就不能得到恪守,这对寺院的发展以及寺院的名声都会产生较大的影响。这中间老和尚可能感觉到非常失望,其对小和尚的教诲在小和尚那里已经荡然无存,这会使老和尚感觉到尊严扫地,自然对小和尚也会感到无比愤怒。

　　歌曲中老和尚的初衷是好的,即通过欺骗的方式恐吓小和尚说山下的女人是老虎,避免小和尚到山下化斋时触犯寺院的清规戒律。但老和尚没有预料到的是其欺骗的方法没有对小和尚产生实质性的作用。小和尚在下山化斋的初期还是对老和尚的话深信不疑,但是通过自身的实践发现老和尚的话说得并不对,并开始对"老虎"产生了感情。此时,老和尚的话已不再可信,老和尚通过欺骗的方式管理小和尚不能奏效了,而且小和尚以后对老和尚说的任何话都会先认真琢磨一下,看看老和尚是否对自己再度进行欺骗。于是小和尚不再信任老和尚,老和尚在小和尚

的心底已经没有了任何威信。这种结局是老和尚所不愿意看到的，而小和尚在对老和尚进行背叛的同时还感觉受到了莫大的侮辱——在老和尚眼里小和尚总是幼小无知的。事实上，小和尚随着自身的成长以及生活阅历的增加会对老和尚的话进行甄别，以达到去粗取精和去伪存真的目的，小和尚的成长速度之快是老和尚没有预料到的。

老和尚的欺骗管理方式不但没有达到预期的结果，而且会使以后的管理难度加大——即使不采用欺骗方式，小和尚也会对他的话表示不信任，老和尚的窘境是任何管理者都不愿意看到的。老和尚管理行为的一次失信导致小和尚与其终身不合作，管理成本是非常大的。

欺骗在管理学中不是一种管理技巧，而是管理者无能并退而求其次的表现。管理者应该直面问题，并且从科学管理的角度提出适度的管理策略，向被管理者阐明其面临问题的严重性以及解决问题的途径。通过欺骗的方式最终不能解决问题，而很有可能导致问题进一步恶化。故事中老和尚与小和尚之间的关系就已经恶化了。老和尚代表了管理者，小和尚代表了被管理者，庙则代表了管理者与被管理者组成的组织。在日常管理中，管理者要面对很多问题，其中最为棘手的问题就是员工之间的利益关系问题以及管理者由于管理被管理者而造成的两者之间的矛盾。为了减少处理矛盾中产生的阻力，管理者往往对被管理者采取连蒙带骗的方式，让被管理者处于云雾之中，待到相关事情的结果已经成为定局之后再让被管理者清醒，被管理者只能"喊冤"。但是被管理者"喊冤"只能有一次，等到类似的事情发生或者管理者在没有做出类似举动时就会引起被管理者的警觉，管理者的老伎俩就不会或者很难发挥作用。

欺骗是一种伎俩而不是技巧。伎俩是单纯为了达到伎俩发起者的目的而存在的，并不考虑被管理者的心情；而技巧则是在组织目标与被管理者之间达成利益双赢的基础上而产生的管理方法，是管理者与被管理者默契合作基础上的组织行为。

管理者需要的是技巧而不是伎俩,虽然两者只有一字之差,但前者代表正气,而后者却代表歪风邪气。管理者与被管理者之间应该进行必要的沟通,沟通的目的在于让被管理者理解管理者的意图,并按照管理者的意图做事,从而实现组织的发展目标。但管理者往往会认为无法与被管理者进行沟通,进而害怕无法实现其管理意图,于是就会走捷径,即通过欺骗的方式力图使被管理者就范。这种违背管理常理而在管理者一厢情愿的情况下施行的管理方式可能在短时间内会奏效,但随着时间的延续,这种方法被反复复制到其他被管理者身上时,其作用效果会逐渐削弱。因为被管理者会逐渐认识到管理者的这种做法只是一种伎俩而已,会有上当受骗的感觉,所以保持与管理者不合作的态度是很自然的。

提升素质：擦净自己的窗户

一个小区里有很多栋楼,各楼之间相距不是很远,所以从一个楼的窗户里可很清楚地看见对面窗户中的人。王太太隔着自己的窗户总是看见对面楼上的李太太勤劳地在做家务,两个人也不时地到楼下的休闲场所聊天。王太太有一次对李太太说:"你怎么总是洗不干净衣服呢?我看见你洗的衣服上总是有些斑点,你洗衣服时怎么这么不认真呢!"李太太几乎没有任何思考地说:"你错了,我每次都是将衣服洗得干干净净的,从来没有你所说的斑点呀!"李太太于是带领着王太太来到了自己家中,王太太看见李太太洗的衣服非常干净,不像自己先前看到的那个样子。王太太从李太太的家中向自己的家中望去,发现自己洗的衣服上有好多斑点。李太太大笑道:"王太太,你看,是你家的玻璃不干净了,你家的玻璃窗该擦了。"王太太顿时感到非常没有面子,连忙向李太太道歉,并马上赶回自己的家中,找来抹布将玻璃擦拭干净。忙活了半天后,王太太再看李太太洗过的衣服已经没有了斑点,而且看任何东西都非常清楚了。

王太太一直认为是李太太工作不认真,由于懒惰而不将衣服洗干净,等到了李太太的家中才知道是因为自己家的玻璃没有擦干净才导致了故事中的情形。王太太一直认为衣服不干净是李太太的责任,但从来没有想到是自己的问题。当事情出了状况的时候认为是别人的失误是一般人的思维习惯。在一个组织的发展中,管理者更是容易发生这样的错误,"错误别人承担,成绩出于自己"是某些管理者的思维方式。在这种思维方式的引导下，就会使管理者犯下执迷不悟的错误，不能够及时地反躬自省，而是按照自己认为是正确的思想行事，这很容易导致对别人的认识错误。

总是习惯于看到别人的过失而没有认真认识自己是人们经常犯的错误。一个组织中如果管理者犯了这样的错误就会出现"以错误指导正确"的事情，按照这样的管理方法，就会导致错误的不能觉醒，正确的也是错误的，下属在做事情的时候就会无所适从。这样下去不但不能将事情做好，反而会向坏的方向发展。在组织中发生了这样的事情后，管理者常会感到莫名其妙，并且总是会认为别人有错误，不配合自己的工作，但实际上别人已经非常尽心尽力了，只是因为自己身上有错而没有感觉到而已。管理者由于具有管理下属的权力，于是也就具有了向自己的下属发泄脾气的胆量，但是这种状况只会使管理者在下属当中树立执迷不悟的形象。管理者一味地按照自己的思路指挥下属做事而并不考虑下属的想法，并且在自己已经犯了错误时还一味坚持，最终会加大管理者与被管理者之间不合作的可能性，最后的结果是，组织在低效率中运转，或者是下属与上司分道扬镳。

管理者对被管理者具有绝对的领导权，但管理者在对下属进行批评的时候一定要有足够的依据。当依据不足的时候，一定要给下属辩解权，否则在管理者的高压下下属也只好"忍辱负重"。开始的时候这种怨气可能还能够被强压，但随着怨气的积累，下属在不能忍受的时候就有可能对上司爆发，上司的高压就将变得无济于事。

上司在批评下属时应该首先检查自己是否有错误，尤其看到下属对自己的行为有轻微反应的时候更应该是这样。如果确实是自己有错误，当然就不应该再批评下属了。就像故事中的王太太最后意识到自己的窗户脏了之后作出的反应一样。如果确实是下属的错误，就要对其进行严格批评。但是在批评之后还需要告诉他正确的做法，并将正确的做法与错误的做法相比较，帮助下属发现其错在什么地方,大发雷霆地单纯批评实际上并不能解决问题。

古人云:"以铜为镜,可以正衣冠;以史为镜,可以知兴替;以人为镜,可以明得失。"能够以人为镜并从他人对自己的感觉中发现自己的得失是管理者的优秀品质。传统故事中经常讲:"一只乌鸦数落猪黑,实际上在别人眼中这只乌鸦与猪同样黑。"在乌鸦眼中,黑是不好的,所以才说猪黑,实际上猪身上的缺点在乌鸦身上也有,只是它没有意识到而已。

组织中的人力资源在组织的发展中由于主客观因素的作用,出现一些这样或者那样的问题是在所难免的。但是,由于管理者与被管理者之间权力与地位的不对等,管理者在管理实践中要经常进行严格而正确的自我批评,这不但有利于保持组织的民主空气,而且可以及时校正组织发展的错误方向,使得组织发展高效并沿着正确的轨道前进。管理者在进行自我批评的过程中要坚持以下原则:要正确对待批评;要坚持求实态度;要讲求科学方法;形成良好氛围。在进行自我批评的过程中,管理者首先要具有开阔的胸襟,态度要谦虚,要注意向提出意见或者建议的批评者学习,要敢于正视自己存在的问题,要讲真话并且能够正确地对待批评者的意见。

第 **2** 部分　**撇捺支撑方成"人"字:**

团队建设

团队是由一群人组成的,但一群人在一起并不一定就是团队。团队是由具有明确分工、互补联系和合理秩序的一群人紧密组织在一起为实现一定目标而形成的群体。在团队中,每个成员可以借助其他人的力量实现单个力量无法实现的愿望。团队的领导者应带领所有成员共同推动组织的进步。

在团队中,成员的力量和能力分为不同的层次,成员之间的力量对比悬殊,但这不但不能削弱整个团队的力量,反而是团队进步的客观需要。如果一个团队中的所有成员都是全方位素质非常高的人,这些成员之间就会发生激烈的竞争,从而增加内耗,最终不但不能凝聚成员的力量,反而适得其反。一般而言,团队内部的人才结构呈金字塔状:能力最强的成员在金字塔尖上,人数最少;位于金字塔底部的都是基层成员。金字塔底部大而顶部小是正常的团队结构。如果金字塔变形为底部小而顶部大的倒金字塔状,或者变为上下基本相同的圆柱状都是不正常的。

在正常的金字塔形状下还需要成员之间的功能互补,包括以强补弱,以小补大等。既定团队中需要成员之间的相互信任并认为其他成员都是自己的坚强依靠。各个成员在履行自己的工作职责的过程中不但互帮互助而且互相尊重,这样的团队的工作效率是最高的。

组织成员互帮：地狱离天堂不远

　　有人梦到了这样一件事情。此人被带进一幢二层楼的屋子里面。屋子里面的人由于被施加了魔法，手臂变得僵直。桌子旁边坐着很多人，桌子上面摆满了丰盛的菜肴。一楼的所有人都端坐在桌子的旁边，看着桌子上的美味食品愁眉苦脸，由于自己的手臂不能动弹而无法进食，虽然饥肠辘辘但只能忍受魔咒。整个屋子的环境非常沉闷。但是他们听见二楼却传来欢声笑语，这些人大惑不解。于是有人决定去二楼看个究竟。到了二楼一看，二楼上的人的举止让一楼的人颇受启发。虽然这些人的手臂与他们一样受到了魔法的诅咒而不能弯曲，但这并不能阻止他们吃上美味佳肴。二楼的这些人用僵直的手臂给他人进食，这样大家相互协助互相喂食，所有人都吃得非常尽兴。大家在相互协助进食中由于喂食不准确以及彼此吃饭时的那种滑稽相不时地引起其他人开怀大笑，这种开怀大笑很快就将对这些人的诅咒冲得烟消云散了。这些被魔法诅咒的人本来应该像一楼的人一样愁眉苦脸，但这些人不但没有痛苦的感觉，反而在相互协助进食中找到了快乐。这是一楼的受难者所没有预料到的。

　　一楼的人真正受到了魔法对他们的诅咒，这大概也是施法者的初衷吧。但二楼的受难者却通过自己的聪明才智破解了这道难题。两个楼层的人的区别在于思维方式的不同：一楼的人没有突破原有的思维方式，仍然认为吃饭只能用自己的手；而二楼的受难者却认为吃饭不一定要用自己的手，只要是手就可以解决吃饭的问题了，自己的手可以成为他人吃饭的手，他人的手也可以成为自己吃饭的手，用别人的手达到了让自己吃饭的目的，同样也用自己的手达到了让别人吃饭目的。二楼受难者的思维方式是在相互帮助中克服困难；而一楼的受难者的思维方式是只有凭借自己的能力才能够克服困难。两种不同的思维方式形成了两种截然不同的结果。

实际上，现实生活中有很多问题单凭自己的能力是不能解决的，这时就需要借助他人的力量解决自己的问题。相互帮助的相互合作精神就成为人与人之间关系的基础。一个组织中人与人之间应该相互帮助，想问题不能完全以自我为中心。如果考虑问题总是从自己能够从中受益多少出发，则人们之间就会缺乏合作的愿望。而很多时候人们必须合作才能够解决问题。没有了合作的愿望就失去了解决问题的可能性。人们都不愿意付出，最终导致所有人都在痛苦中挣扎。

能不能解决问题，不单纯取决于人们的愿望，还取决于人们的思维方式。一楼的人看了二楼的人的行为方式后茅塞顿开，这说明一楼的人也希望能够找到一个能够解决问题的办法。二楼的人解决问题的方法是一楼的人未想到的，一楼的人如果较早地想到这种办法，也会像二楼的人一样喜笑颜开了。因为思维方式的不同，造成了一楼的人生活在地狱，而二楼的人生活在天堂的局面。

人们总是习惯于生活在既定的思维习惯中，正是由于这种思维习惯的差异使得占有相似资源的组织有不同的运行状态。习惯保守思维方式的组织总是囿于既有的运转模式，资源不能得到高效利用，成员都不能发挥自己的聪明才智，以至于成员都不能从合作中受益。这种墨守成规的组织需要虚心向其他组织学习，看一看别人的发展模式，从中得到一些新的思路来谋求自身的进步。相信故事中的一楼的人看到二楼的人的行为方式后，行为方式会发生改变，不仅能够享受到满桌的美食，而且也会喜笑颜开的。

故事中的同一幢楼的不同楼层中的人面对美食出现了全然不同的局面，重要原因就在于人们是否互相帮助。人们的思考前提是以自我为中心还是以服务他人为中心的差别，造成了不同的人际关系。二楼的人由于能够互相帮助而使得所有人都处于欢乐中，一楼的人由于没有互相帮助的意识而都处于苦闷之中。在这里，"互相帮助"成为了苦闷与欢乐的分界线。在一个组织中，组织成员由于互相帮助而使得每个人都能够从中获得快乐。一个人对他人的付出会通过不同的方式最终使得自己受益。在此期间，如果一个人在与他人交往的过程中考虑的只是从他人那里给自己带来收益，不考虑如何为他人付出，最终的结果就是所有人都不愿意付出而只讲求索取，进一步的结果就是没有人付出，在遇到危难的时候所有人都不愿意首先伸出手来援助其他人，而是苦苦等待他人向自己伸出援助之手，而这只能是徒劳。在这样一个没有人愿意为他人提供帮助的组织中的成员之间表面看上去是一群有组织的人，但实际上彼此之间的心理距离是非常遥远的。缺乏了相互帮助的组织就失去了发展的动因。

在激烈竞争的现代经济中，任何一个个体的发展都需要将自己放在一个团队中，任何一个个体在这个团队中都要以合作的态度与他人共同谋划发展，在个人的发展愿望得到实现的同时其他人也得到了不同程度的发展。个体在组织中都有出人头地的愿望，但这需要建立在他人对自己工作配合的基础上。为了能够很好地创造一个精诚合作的团队，就需要创造出一种机制，使得团队中的所有成员都能够在合作中获益。就像故事中二楼的人一样，手臂僵直的两个人之间在相互喂食的过程中不但解决了彼此正在面临的问题，而且使得每个人都在这个过程中获益。相互喂食的这个办法虽然不错，但假如在此过程中，某个人向他人喂食，而他人并不给自己喂食，这就会因其他人不配合而导致其他人从中受益而自己并不从中受益，这样的好办法最终还是没有办法在所有成员中进行推广。当组织中的每个成员都能够为其他成员主动"做好事"并且得到其他成员的积极响应时，组织成员之间的相互配合就会非常默契，每个人享受到"美食"自然就是非常容易的事情了。

组织成员结构：佛祖的巧妙配伍

弥陀和韦陀是庙里两位性格特点差异很大的佛祖。弥陀笑容可掬，长相阳光、可爱，对人总是喜笑颜开，香火非常好，很多香客看到弥陀待人厚道并且长相喜兴，所以都会前来讨个吉利。韦陀与弥陀相比有很大的不同，韦陀样子黝黑，给人一种非常庄重和铁面无私的感觉，面对任何人都是阴沉着脸，因此，韦陀庙前香客甚少。韦陀虽然香客少，但还是有人看重韦陀的铁面无私，所以不时也会有些香客光顾。弥陀虽然香客很多，但是弥陀有个很大的毛病就是做事不认真，干什么事情都是丢三落四的。佛祖对两位佛祖的工作风格是心中有数的。佛祖非常欣赏韦陀的铁面无私，但也非常看重弥陀的香客盈门。佛祖想，如果韦陀门前有像弥陀那样多的香客就好了，于是想出了一个高招：将韦陀和弥陀放在同一个庙中供奉，并且将弥陀摆在韦陀的前面。这样一来，香客前往首先看到的是弥陀的笑容可掬，可以让很多香客到庙中进香，庙中的香火不会减少。但由于庙中有了韦陀，账目就不会再像弥陀单独存在时那样混乱了。佛祖用这种方法达到了庙中香火旺和账目清的两种目的。

佛祖用了管理高招使得弥陀和韦陀都很好地发挥了自己的作用，而这正是佛祖所需要的。佛祖不需要失去一个吸引香客前来进奉的下属，也不需要一个账目管理混乱的下属，佛祖的目的是在赚到很多钱的同时账目还会清晰合理。但是两位佛祖在分开工作的时候就不能同时达到这两个目的，这说明两个不同素质的员工不进行有效的结合时，不能达到老板的要求。在先前的工作状态中，两位佛祖虽然都在努力工作，但是各自工作越努力与佛祖的要求就相差越远。因为弥陀的香火越好就意味着账目越混乱，而韦陀的工作越认真香火越清淡。但是将两位佛祖放在一起，就达到了意想不到的效果：香客没有减少而且账目也开始清楚了。

两位佛祖的巧妙结合是管理者聪明才智的表现。按照一般的思维习惯，不能很好地管理账目的人或者不能给庙里带来很好的香火的人都不是合格的员工。好的管理者的聪明才智在于充分发挥组织内所有成员的工作潜能并且将既有的工作人员进行有效的结合，使得并非尽善尽美的员工经过相互配合非常高效地完成工作。在管理者的领导下，组织中不同的成员按照一定的结构进行配置，每个成员在自己的岗位上发挥自己的特长并且配合得相得益彰，就会使得组织的工作高效化。因此，管理者在组织发展中需要进行有效的人才配置，形成合理的人才结构。即使组织内部人才济济，没有合理的人才结构也不能使得组织顺利高效发展。

记得著名的管理学家法约尔在一次给矿冶工程师的讲话中说道："你们都是非常杰出的人才，但是由于你们没有进行有效的配合，所以你们在工作中没有形成合力，致使你们的工作效率不高，你们在工作中都非常努力，谁都想在工作中彰显自己的能力，但由于你们之间没有进行紧密配合，致使谁的目的都没有达到。"

实际上，在一个组织的发展中，组织的最终发展方向不是按照任何一个人的目的发展的，而是按照所有人的集体意志的合力发展的。将所谓的人才配置在不合理的地方，不但不会让组织成员发挥自己的优势，而且还会存在严重的人员浪费。将小学毕业生安排做看门人员，此人就会做一个非常恪尽职守的守门人。但是如果将一个具有博士学位的人安排做守门人，这个人就会非常有怨言，因为这个具有博士学位的人在潜意识中认为自己应该是做大学教授的，即使薪水非常高，但由于没有达到心理平衡，所以该博士不会安心于本职工作。

将人安排在不合适的工作岗位上会造成人才浪费和耽误工作的问题。即使所有的人都安排在合适的工作岗位上了，如果相互之间没有密切的配合，工作效率也得不到提高,甚至各成员之间会存在严重的内耗即各工作之间相互冲突。理想的人才结构应该包括质与量两个方面。组织中的人才的"质"不仅表现在人才的个体方面还表现在人才的群体方面。衡量人才的"质"的指标主要包括人才个体以及群体的健康状况、知识水平以及个人修养。衡量人才结构的"量"的指标主要体现在人才的数量。组织的发展首先需要一定的人才数量支撑,没有数量支撑就很难谈及有效的人才结构。故事中的佛祖就是在人才结构方面匠心独运,不仅使得每个成员都能够按照自己的工作风格做自己喜欢做的事情,而且实现了人力资源的有效配置。

管理者的责任不仅在于发现优秀人才,还在于有效地配置人才。每个组织成员都会有自己的做事风格,管理者在组织用人的时候需要充分考虑到这些因素的作用,要每个组织成员按照自己的情况顺其自然的发展自己并与组织的要求相协调一致,而不是刻意地改变人才自身的状况,否则就会发生削足适履的愚蠢错误。

培养优秀继承人：顾客与鹦鹉老板的对白

一个顾客到商店里购买鹦鹉,向老板问道:"鹦鹉多少钱一只?"老板:"说您自己先看看吧,不同的鹦鹉价钱不同。"于是顾客开始自己看鹦鹉,他走到一只非常漂亮的年轻鹦鹉面前问老板:"这只多少钱?""200元。""为什么?""因为这只鹦鹉会说两种语言。"顾客又在商店里转,走到另外一只鹦鹉面前,这只鹦鹉看上去较先前的一只更加英俊。"多少钱?""400元。""为什么?""因为这只鹦鹉会说四种语言。"顾客感到非常有意思。又转了一会儿,停在了一只非常老的、羽毛已经非常难看的鹦鹉面前说:"多少钱?""800元。""为什么？难道这只鹦鹉会说八种语言吗?""不,这只鹦鹉已经不会说话了,但是它是你先前看到的那两只鹦鹉的师傅,那两只小鹦鹉之所以会说话,是这只老鹦鹉不辞劳苦教授它们的结果。"

故事中,老鹦鹉将自己的技能毫无保留地传授给小鹦鹉,小鹦鹉掌握这种技能后可以结合自身的特点使其发扬光大,老鹦鹉也因为自己有如此出色的徒弟而价值倍增。当然,在现实生活中,即使老鹦鹉的价值再高也很少有人会去购买,因为老鹦鹉不但外观不招人喜爱,而且没有让人赏心悦目的鸣叫,买这样一只"老古董"还需要赔上吃喝,自然很不划算,老鹦鹉在一般人的心目中已经无价值可言。故事中强调的是老鹦鹉即使到了这种程度,其价值还是如此之高,关键在于两只小鹦鹉的价值很高。小鹦鹉的价值越高,老鹦鹉的价值也就越高,老鹦鹉的价值是通过小鹦鹉的价值体现的。

但是这样的结果并不总是存在,这不由让我想起另外一个故事:传说老虎是小猫的徒弟,向小猫学武艺。当老虎觉得自己将小猫的武艺全部学到手后,有一天突然起了歹心想将小猫吃掉,于是猛追小猫。小猫见势不妙赶紧爬上了树,老虎只能在树下望洋兴叹,赶紧对小猫说:"师傅,我在和你开玩笑,赶紧下来吧,将爬树的本事也教给我,以后我也就能够爬树了。"小猫笑道:"如果你学会了爬树,当你想吃掉我时我还能躲到哪里呀。"因此,到目前为止老虎还不会爬树。

这虽然是个故事,但其中折射出的思想是很深远的,即商场如战场,任何一个人都要保留自己的绝招,以备不时之需。为了保持自己在激烈竞争中的有利地位就需要将"绝招"垄断起来而不是毫无保留地传授给别人。自然而然地,师傅在教徒弟的时候就会"留一手",但这种做法肯定会放慢社会进步的速度。这也就是为什么常存在"传男不传女"的"传统"。将技术传男意味着让祖传的手艺向自己的后代延续,传女则意味着让手艺流向外族。"留一手"是为了保全自己,以便将来徒弟超越自己时仍然能够为自己圈出一片阵地以保自己有饭吃。试问这样的思路怎能培养出卓越的徒弟?

老鹦鹉教小鹦鹉与小猫教老虎学艺两件事中包含两种不同的人生选择:前者重在"倾囊",后者重在"保留",都有自己的道理,但是笔者更倾向于前者。故事中老鹦鹉对小鹦鹉无私的教诲使得小鹦鹉能够光彩四射,老鹦鹉不但没有受到威胁,而由于小鹦鹉价值提升而使自己的身价也增加了,这种境界在管理中是值得提倡的。老鹦鹉与小鹦鹉之间的关系体现了良性的师徒关系。

这样的关系可以扩展到管理过程中部门领导与普通员工之间的关系。从一般的思维方式看,任何一个部门管理者都希望自己的地位非常稳固,没有任何一个下属能够胜过自己。为了达到这样的目标,部门管理者可以选择多种对策:有意压制下属,使下属没有机会超过自己;在招聘新员工时选择较自己能力低的员工,以保自己位置的安稳⋯⋯在这种思维方式的引导下,管理者与员工之间就缺少了老鹦鹉与小鹦鹉之间的传承精神,使整个部门长期得不到发展,出现"青黄不接"的现象。

在管理实践中,为了保证老鹦鹉与小鹦鹉式的关系存在,不能仅依靠道德或者个人情感,而是需要建立比较完善的制度,通过制度使得老、小鹦鹉的关系在团队中得以发扬光大。麦当劳公司中存在这样的规定,任何一个店长想提升为更高级别的管理者,必须在自己所在店的员工中培养出继承人作为新店长,即使这个人不能胜过自己,但也一定要与自己的才能相当,这是麦当劳的文化,也是麦当劳的企业精神。也许正是在这种精神的影响下,麦当劳店可以开一个火一个,麦当劳公司培养继承人的方式就是通过一定的制度约定,再现了老鹦鹉与小鹦鹉式的传承关系。

成员间的勾心斗角：蟹篓中的较量

有过钓螃蟹的经验的人都知道，把钓到的螃蟹放到篓子里面时不用担心有螃蟹会爬出篓子。螃蟹在日常生活中给人们的感觉是张牙舞爪，带钩的爪子可以随时抓住任何一个可以抓住的地方拼命向上爬，不达目的誓不罢休。蟹篓中的每只螃蟹都要拼命地向上爬，目的都是要爬到篓子的顶端，但是由于螃蟹太多，后面的螃蟹只能钩住前面的螃蟹，这样一只接着一只向上爬。结果所有的螃蟹都是白费力气，一只都爬不上来。养螃蟹的人就利用螃蟹的这个特点，在养殖螃蟹的池塘的一定区域围上栅栏，螃蟹从栅栏内爬到栅栏外面需要费很多力气，这些螃蟹在向上爬的过程中相互拉扯，以致最终能够爬到顶端的只是少数。如果螃蟹在向上爬的过程中不互相牵制，每只螃蟹爬到顶端的机会都会很多。但正是利用了这样的相互牵制，钓螃蟹的人就可以安心地在一旁钓螃蟹而不用花费更多的心思担心螃蟹爬出蟹篓了。

蟹篓相当于一个组织，蟹篓中的螃蟹相当于组织中的成员，最后爬到蟹篓顶端的螃蟹相当于组织中的脱颖而出者。这些脱颖而出者在最后爬到蟹篓顶端的过程中或许已经掉下去了很多次，组织中的成员为了爬到篓子的顶端拼命挣扎，谁都不希望自己落后，于是在拼命向上爬的过程中就会将其他的成员扒下去。能够爬到篓子的壁上的螃蟹就已经是佼佼者了，爬到篓子顶端的自然更是出类拔萃的。

组织中的成员在由"篓子"底部爬向顶部的过程中不单纯是体力的较量，还需要向上攀爬的更多技巧，包括：较妥善地处理与组织中其他成员的人际关系；正确处理与老板的关系以便使自己能够有更多的职位晋升机会；不惜利用各种关系击败竞争对手；从制度内寻找漏洞并从制度之外进行"攻击"；用金钱等手段弥补自己在竞争中的专业水平的不足。曾经有朋友与我聊天，让我谈谈动物世界中的竞争与人类社会中的竞争的差别。我说最大的差别在于：动物世界中的竞争属于纯粹体力的较量，虽然其间也会有种群内部的等级之分，但这比人类社会中的情况要简单得多；人类社会中的竞争非常复杂，关键在于人们之间的较量不仅要将精力集中在专业技术水平方面，还要分散更多的精力到专业技术之外，加以制度是否合理等问题，都会影响组织中个体的成长，这就会出现较动物世界中更多的不公平。朋友对我的看法表示赞同："你说的对，两者的差别之处在于人类是由更加紧密和具有协作性的有意识的个体组成的，人类更加懂得通过建立制度来约束组织中的其他成员，这些成员需要更好地接受这种约束，不管这种约束是正确的还是错误的。"

朋友继续补充："动物世界中，两只猴子或者两匹狼为了争夺霸主地位，相互之间要进行你死我活的较量，但是这种较量都是力量型的较量，两者之间的这种较量都放在了台面上，组织中的其他成员对上任的新霸主就会心服口服，随着组织中其他成员的长大，如果已经有了争夺霸主地位的决心，会仍然采用以前的方法进行争斗，这种争斗是公平的。但是人类社会的组织成员之间的争斗往往不会头破血流，而是大家坐下来'平心静气'地、非常体面地争，在平静的表面背后大家都在暗自较劲，于是将动物世界中的'明争'演变为人类社会中的'暗斗'，明枪易躲暗箭难防，在争斗中不仅需要专业技术以及高智商等'大聪明'，还需要会使用各种伎俩的'小聪明'，这些小聪明往往会相对于大聪明更加有用，虽然在争斗中可能存在着歪理，但是大家也不会非常明确地表示自己的看法，而在动物世界中当存在这种不公平时马上就会以牙还牙。"我对朋友的表述也非常赞同。由此想到，组织中的成员其实就是具有了更多意识和更多竞争技巧的"螃蟹"，人们会用更多的方法达到使自己的"钩爪"更加尖利的目的。

在组织中,组织成员为了利益、权力等相互争斗,虽然表面上都在遵循着制度做事,但实际上没有完美无缺的制度存在,制度总是会有漏洞的,管理者可能率先成为钻这些制度漏洞空子的人。应该说,管理者比任何人的机会都要多,因为只有管理者自身才会更多地去考虑制度,并且制度设计出来之后自己又是履行制度的人,在制度设计之初为自己留下一些漏洞是非常容易的事情,这些漏洞也就会成为组织成员之间进行暗斗的基础。组织中的高层管理者在管理组织发展的过程中依靠的不应该是单纯的制度,责任心和敬业精神往往比制度本身更重要。管理者需要很好地规划组织中的那些"螃蟹"从篓底沿篓壁向上爬的轨迹,保障螃蟹之间没有勾心斗角或者有更少的勾心斗角就可以了。就像动物世界中为争夺霸主地位一样,要将成员之间进行争斗的指标摆在台面上,这就会使一些想参与争斗却不够条件的成员望而却步了。

组织中的团队建设：兔子与狮子的合作

有这样一个故事：有一只兔子正坐在山洞口打字。一只狐狸跳到它的面前说："我要吃了你！"兔子说："等我把学士论文写完也不迟！"狐狸非常奇怪："你能写什么论文？""我的论文是《兔子为什么比狐狸更强大》。"兔子说话的表情很严肃。狐狸感觉非常可笑："这也太可笑了，你怎么能比我强大！这简直是笑话。"兔子仍然一本正经："不信你跟我来，我证明给你看。"它把狐狸领进山洞，狐狸再也没有出来。完了之后兔子继续在洞口打字。一只狼跳到它的面前："我要吃了你！"兔子说："等我把学士论文写完也不迟！"狼非常奇怪："你能写什么论文？""我的论文题目是《兔子为什么比狼更强大》。"狼大笑："你怎么敢说自己比我强大！""不信，我可以证明给你看！"兔子领着狼走进山洞，狼再也没有出来。兔子继续在洞口把他的论文打完，然后拿着论文走进山洞，交给一头打着饱嗝的狮子。狮子满意地对兔子说："你干得不错，今天我获得了非常丰盛的美餐。"

这个故事非常简单，我们能从中领悟到什么？实际上，这个非常浅显的故事中包含了一个非常重要的问题，即组织成长中的团队建设问题。为了使组织运行高效，就必须通过研究组织行为来发现组织中每个个体如何相互作用并且最终形成一个什么样的合力。

管理者的目标就是要将这个合力达到最大。这中间就会出现很多问题，众多的问题归结到一点就是组织中的个体会由于存在利己动机和排他心理而使得实际效果不如预期效果高,于是组织中就存在着制度损失。管理者首先想到的是其所领导的组织中的个体的素质有问题,诸如知识水平、思想境界等。其实,组织表现出来的效率与组织成员的个人水平在某种情况下并不呈正相关。管理者首先想到的是强强联合才会打造出航空母舰。但事实上不完全是这样,组织行为的效率不仅取决于个体的素质,还取决于个体之间的联合。正像故事中所提到的,兔子与狮子相比,狮子显得非常强大,而兔子显得太弱小,这不但没有影响它们所组成的这个组织的效率,事实表明组织效率非常高。

狮子正是借助兔子的弱小而保障了兔子在迷惑狐狸和狼的时候的成功,也正是这种成功保障了狮子的美餐。同时兔子也正是借助狮子的力量而增长了自己的雄威,并且使得自己在面临天敌时面无惧色,这种表情也更加保障了兔子的迷惑伎俩的成功。因此,在这个故事中兔子与狮子的配合恰到好处。设想一下,如果故事中的主人公不是兔子和狮子,而是两只狮子或者是两只兔子,其结果就可想而知了:兔子会成为狼或者狐狸的美餐,同时狮子也只能长期忍受饥饿的煎熬。因此,弱弱联合当然不能奏效,但强强联合也并不一定能够达到目的。组织要想保障高效率的成长,必须看重两个因素:个体素质和个体间的联合。

那么,经济建设中团队建设的实践如何呢?笔者认为目前企业的团队建设中存在着以下几个方面的误区:

团队利益至高无上:我们的传统文化是"集体利益高于一切",由这样一个前提必然衍生出"团队利益高于一切"。但这样的提法是存在问题的:首先,团队对于整个组织只是一个小成员,过分强调团队利益会打破组织的内部均衡,造成团队与企业之间目标扭曲,从而影响整个组织的发展,同时还会导致个体的应得利益被忽视,影响个体积极性的充分发挥,从而使得团队的竞争力和战斗力受损。

兄弟情重于纪律。实际上这会直接导致管理制度的不完善,企业虽然设立了规章制度但不能起到应有的作用。严明的纪律不仅是维护团队整体利益的需要，同时还有助于保护团队成员的根本利益。上述故事中虽然没有提到兔子和狮子间的纪律约束，但我们知道兔子和狮子本身就是捕食与被捕食的关系，所以为了在一个组织中生存，狮子必须承诺即使在找不到食物时也不能将兔子作为美餐，并且应该保障兔子的安全，而兔子也必须承诺在这个组织中要尽职尽责，这就是它们之间的纪律。

以"小我"换"大我"：传统文化的思维定势是维护团队利益就必须以牺牲团队中个体的利益换取组织的成长（有时是必需的，笔者并不否认）。牺牲"小我"换取"大我"意味着以个人成本来换取集体利益的增加，并且自己最终从结果中获取很少的回报，即其收益总是小于投入，但组织中的个体作为经济人是不愿意总是处于这样的地位的。其结果必然是团队成员的个性创造和个性发挥被扭曲和湮没。

团队不仅仅是人的集合，更是力量的结合。我相信，兔子和狮子肯定事先有这样的誓约：如果狐狸或者狼等不相信兔子的话而执意要当场把兔子吃掉时，狮子必须马上站出来保护兔子的生命安全，只有这样兔子才能不受到损失，也只有这样兔子才肯参与到这个组织中来并充当洞口前的诱饵。为了达到这个目的，狮子必须保持警惕，努力听着山洞外面的动静，狮子的这种付出是为了自己能够饱食，其利益没有受到损失。因此，在这个组织中任何一方都没有以牺牲自己的利益为代价而换取组织的存在。

概括起来，建设有效的团队需要抓住以下几个要点：目标要明确，必须明确建立团队的目标，这是维持组织存在的根本；价值观需相同，团队成员相信并且愿意为共同的目标努力；理解和信任，这是组织得以维系的信用基础，没有了这样的信用基础，组织一分钟也不会存在；个体与团队利益的协同，不能以牺牲"小我"为代价，也不能以牺牲"大我"为代价，"小我"因"大我"而存在，"大我"因"小我"而发展。

竞争中生存："引狼入室"有道理

一个森林公园引入了一群梅花鹿。这些梅花鹿看到这样一片肥美的草原太高兴了，在草原上尽情地玩耍。鹿群在这个乐园中没有天敌，整天无忧无虑地生活。经过几年之后管理员发现这群鹿病死的很多，没有剩下几只健康的了。管理员看到这种情况非常不解，水草如此肥美的生活乐园怎么会导致鹿群这样的状况呢？本来以为可以依托这个庞大的鹿群进行繁衍并逐渐将鹿群的规模扩大，没想到会出现这样的事情。管理员请教相关方面的专家，专家认为鹿群之所以会出现这样的状况，是因为这样的环境中没有了天敌，鹿群没有了天然环境下的紧张感。在没有竞争和危机感的状况下存活的鹿群就会养尊处优，从而与野生环境下的鹿群的精神状态具有天壤之别。在专家的指导下，管理员将几只狼放入了公园。狼会捕食鹿，鹿为了逃避狼的捕食就需要拼命地奔跑，后来除了鹿群中的老弱病残被狼捕食外，鹿群变得越来越强大。

鹿群在一个没有危险的环境中生活就会失去紧张感，不会思考躲避天敌的技巧，在自然状态下本来应该具备的一些生存技能荡然无存。"物竞天择、适者生存"是大自然的规律，在这样的生存原则下鹿群就会具有健壮的体魄和旺盛的繁衍能力，从而使得公园呈现生机勃勃的景象。在没有外来风险的情况下，鹿群的活动方式顶多是成员个体之间的打闹和嬉戏，鹿群不再为生存而战，本来非常健康的个体就会疾病缠身。但是在引入了狼之后情况就有很大的不同，狼对于鹿而言是个巨大的威胁,鹿不但要学会怎样吃到肥美的水草,而且还要学会如何躲避狼的攻击,所以要具有敏锐的观察力和善于奔跑的能力。在这样的情况下就会通过自然选择的方式将老弱病残的个体逐渐淘汰掉,存活下来的都是那些机体健壮的个体,通过对鹿群引入威胁的方法使得鹿群的质量得到提高。

企业的成长与前面的故事是一样的。为了保证企业在市场环境中保持较高的竞争力,就需要有竞争者存在,势均力敌的竞争者会引发组织的管理者对使自己能够处于有利地位的思考,没有了生存危机就意味着没有了企业。同样,在组织内部适当引入竞争机制是非常必要的。企业中定期实行的考核制度、奖惩制度、人事任免等一系列的规章制度都体现了竞争思想。只有竞争才能够激发员工的工作效率,就像在鹿群生活的草原上引入了狼一样。管理员的目的在于通过狼来激发鹿群更好的生存潜能,从而在优胜劣汰的原则下使得鹿群逐渐发展壮大。

但是狼并不会按照管理员的思路行动,狼的本性是吃肉,为此就会在其饥饿的时候随机地捕食鹿。如果狼的数量引入过多,就会使得鹿群面临全部被吃掉的灭顶之灾。因此,在公园内引入多少狼是一个很重要的管理技巧,否则就会出现管理员所不愿意看到的结果。在一个组织中引入竞争机制也是这样的道理,让组织成员在既定的制度下竞争,但成员会看到自己在竞争中获胜的希望。如果引入了竞争机制后取胜者总是组织中某个或者某些固定的成员,于是组织中的其他管理者就会感觉到既定的制度设计是存在问题的,这样的制度不是在引入竞争机制而是以制度为障眼法,为组织中的某些成员"牟福利"。在这种有偏见的制度下,组织中的其他成员就不会看到自己在组织中有"出头之日"的希望,于是竞争机制将会失去作用。因此,组织中没有竞争机制不能够激发组织的成长力,但有了竞争机制后如果竞争机制不合理仍然不会发挥作用,设计合理的竞争机制是管理者要学会的技巧。

在草原上引入狼后,不但"老弱病残"者成为了狼的果腹之物,而且年轻力壮的健康小鹿也成了狼的果腹之物。这就没有达到管理者需要达到的竞争目标。森林公园中的弱者和强者具有了一样的结果是管理者不愿意看到的事实。故事中的管理员在对鹿群的状况不理解时及时向有关专家进行了咨询，通过专家之口了解到了鹿群的状况。这时专家的意见是非常重要的。管理员从专家那里了解到在鹿群中引入竞争机制的重要性。在管理员眼中，只要能够给鹿群提供安逸的生存场所就可以保障鹿群能够安然无恙地成长了。但他忘记了只有在这个群体中引入竞争机制的重要性。

在企业发展中，一些管理者最开始的时候想做公园管理员这样的和事佬，但他这样的管理方法由于组织成员之间没有了较为激烈的竞争，使得每个人都没有较强的斗志。表面健康的企业实际上已经是疾病缠身。没有了竞争的组织成员不能够以饱满的激情投入到工作中，并且不能够充分调动自身的潜能，也不能让组织中的佼佼者脱颖而出。通过有效的竞争机制可以尽早淘汰组织中的"老弱病残"者。就像公园的管理员一样，虽然人为地为鹿群创造安逸的生存环境，但这种做法并没有达到管理员需要的结果。管理者为了达到目标，单纯靠"仁义道德"是不能奏效的，通过严格的制度引入竞争机制，让组织成员有适度的危机感是非常必要的。在这种危机感中，组织成员就会时刻保持警惕。就像小鹿为了保全自身的性命而必须拼命奔跑躲避狼的追击一样。适度的竞争机制使得组织成员不断"锻炼"自己，在每个成员都保持这种状态的时候，整个组织的情况就完全不一样了。在组织的成员中间引入相对合理的竞争机制，真正体现优者更优、强者更强、弱者淘汰的目的，增强组织的整体竞争力。管理者虽然会见到"鹿群"的规模增长缓慢些，但每只"小鹿"都是管理员需要的。引入竞争实际上并不是管理者的残忍，而是组织发展的必须。在引入狼后虽然公园会失去一些鹿，但较少的失去会给其带来更多的回报。

伟大见之于平凡：新钟的"奇迹"

主人将一只新装好的钟表放在了两只旧钟中间,新钟羡慕地看着两只旧钟滴答滴答地走着的样子。新钟与旧钟之间有下面的对白。旧钟问新钟:"什么是伟大的事情?"新钟说:"伟大的事情自然应该是轰轰烈烈的事。"旧钟问:"我们已经在这里摆动了若干个三千两百万次,这算不算是很伟大?"新钟说:"这当然算,没有几个人够完成三千两百万次的,你们做出了这么伟大的事情,一定很辛苦吧。"旧钟望着这个新来的小兄弟,说:"不要着急,赶紧工作吧,每一步都要细心,并且要非常耐心,我们就是这样过来的,在走完三千两百万次后你就会明白你的工作的意义了。"新钟不禁倒吸了口凉气:"这么伟大的事情,我能完成吗? 我估计办不到。"

另外一只旧钟对这个小兄弟说:"不要被那位老兄的耸人听闻吓倒,我们能够做到的事情你也能够办得到,实际上你只要每秒钟摆一下就可以了。"新钟听后轻松了许多:"原来就这么简单!"于是新钟每秒钟轻松地摆一下。转眼一年过去了,新钟已经摆动了三千两百万次,新钟在轻松的滴答声中完成了三千两百万次的跨越。在完成三千两百万次的过程中,主人隔一段时间就会到这里为新钟检查身体,看看哪个螺丝松动了? 看看是否需要上一些润滑油? 在主人的精心护理下,新钟的工作一直没出现任何差错,一年过去了,自己的身体还是完好如初,于是新钟的信念更加坚定:"按照这样的发展趋势,我一定会完成更多的三千两百万次。"站在一旁的旧钟又说话了:"我们的功劳也有主人的份,没有主人的精心照料,我们很难完成这样'宏大'的事业。"新钟非常赞同旧钟的看法。实际上这时的新钟也已经变成旧钟了,新钟打定主意:当再有新钟到来时,一定要将自己的经历告诉它。

旧钟由于工作时间长而具有了较深的资历和丰富的经验，在新钟面前自然有夸耀的资本。就像故事中的前一只旧钟对新钟那样，不是直接告诉它"每秒钟摆一下"，而是告诉它"完成三千两百万次"，这么一个宏大的数字谁听到后都会感觉到咋舌的。说旧钟在耸人听闻一点也不为过。钟表这样说话实际上是在炫耀自己的成绩。而另外一只旧钟却表现得很自然，"只不过每秒钟摆一下而已"。三千两百万次与每秒钟摆一下相比较自然是有天壤之别。新钟由于没有工作经验，所以初次听上去的感觉自然会很不一样。听到一个巨大的数字后感觉到自己没有能力完成，感觉到自己不能做出这么轰轰烈烈的事情；但是每秒钟摆一下对于自己而言是力所能及的，这是再简单不过的事情，但三千两百万次就是靠着每秒的"滴答"汇聚起来的。平凡与伟大形成鲜明的对比，但伟大就是由诸多的平凡累积而成的。

两只旧钟代表了两种不同的心态，在新钟面前，有的旧钟喜欢夸耀自己，而有的旧钟则表现得很平淡。走过了三千两百万次也没有什么了不起，只要有毅力，坚持下去，按照这样的方式一直走下去，新钟也会做出旧钟已经做出的成绩，所以这只旧钟表现得非常平淡。

旧钟对新钟的提醒是非常有价值的，主人对于钟表的持续工作也发挥了重大作用，没有主人的悉心维护钟表是不可能完成这么宏大的工程的。因此，在钟表有了卓越的成绩时也不要忘记在后台默默奉献的主人的功劳。

新旧钟表代表了组织中的新老员工，主人则代表了组织的管理者，两只旧钟表示了有两种不同心态的老员工。有的老员工愿意在新员工面前显示自己，有的老员工则心态比较平和。新员工总是会对老员工羡慕和崇拜；老员工对新员工传授知识和经验能够使新员工成长的路途更加坦荡，所以新员工与老员工之间的这种相互学习、相互交流经验的过程就会将组织建设成一个学习型组织。宏大的事情都是由非常细小的事情组成的。

做事情不能总是想着一步到位，只有从非常细小琐碎的事情做起才能最终成就大事业。老员工经历的事情较多，并且具有较高的技术，这些都是组织中培养优秀接班人的重要基础。老员工在向新员工介绍经验的时候不要耸人听闻，要向员工介绍做最基本事情的经验。老员工也不能将经验一股脑地全部介绍给新员工，否则新员工会在庞杂的信息面前感到束手无策，并且看到老员工的"赫赫战功"的时候会有力不能及的感觉。应该像那只旧钟说的一样，"只要每一秒摆动一下就可以了"，从而将复杂的事情变得非常简单。

从简单的事情做起，就会让所有的新成员树立雄心壮志：别人能够做到的事情我也能够做到。但为了做到这样的事情就需要培养做事情的耐力。组织成员在取得了一些成绩之后，不要总是想着在其他成员面前炫耀自己的成绩，而是要抱着合作的态度看待其他成员对自己的帮助和贡献。就像旧钟对新钟说的那样：不要忘记主人对我们事业成功所作出的贡献。主人作为管理者对于钟表而言总是在做一些幕后工作，这些幕后人员很少站到台前，但缺少了这些幕后人员的工作，钟表是不能走完很多个三千两百万次的。像加一些润滑剂以及拧紧一个螺丝这样的事情看起来非常不起眼，但对于组织成员的成长而言是很重要的。

第 **3** 部分　**宝马需给精粮细料:**

分配管理

合理的分配制度对于激发组织成员的劳动创造热情非常重要,所以为组织的发展设计合理的分配制度就成为管理者的重要职责之一。管理者的思路实际上就是组织的制度,管理者需要通过合理的分配制度对不同的员工进行激励,做到赏罚分明。"按劳计酬、绩效挂钩、以岗定薪"的分配原则就会使分配相对合理,组织成员较分配的绝对数量而言更加注重分配的相对数量,相对数量合理就会使得组织成员心态平和。

分配不仅应该体现在能够用金钱来衡量的物质层面,还应该表现在职位晋升、培训机会、领导赏识等层面,这些方面虽然不能直接表现为物质利益,但最终可以转化为物质利益。分配直接关系到组织成员对组织的贡献能否得到公正的回报,进而决定组织成员对管理者乃至组织的情感。分配是否公平决定了组织能否留住优秀员工以及留下来的员工用多大的热情在组织中发展自己。管理者在设计分配制度时不能掺杂个人情感,只有这样才能做到分配管理公正客观。分配从表面上看是物质利益的分配,实际上是组织管理者意志的反映进而组织文化的建设过程。分配制度关系到组织的生死存亡。

公平管理：驴对骡的不满

驴和骡分别驮着同样多的货物赶路，驴暗自感觉心中不平，心中想："骡比我吃的食物多一倍，却与我背负相同的货物，这非常不公平。"但苦于害怕主人对自己的责罚所以一直忍气吞声。走了一段很长的路后，主人看到驴有些支持不住了，于是将驴身上的货物向骡身上挪了一部分。又走了一段路程后，驴更加体力不支，主人非常心疼驴，于是将全部的货物挪到了骡的身上，这时的驴感到身上轻松了不少。骡瞪着眼睛对驴说："看你刚才的驴脸拉得那么长，肯定是埋怨我吃得多了吧！现在你身上轻松了，是不是感觉心情愉快多了？"驴对骡的问话无言以对。骡较驴吃得多，但与驴干同样多的活，驴自然会感觉主人对其不公平，所以驴的想法是可以理解的。但随着路程的延长，主人看到驴体力不支，逐渐地将驴身上的货物移到了骡身上，一直到驴身上空无一物。骡吃得多，同时承担的工作也多，这时驴感到比较顺气了。

故事中的主人扮演了管理者的角色，驴和骡都是主人的员工。主人在对待两个员工的过程中，虽然两者从主人那里得到的好处不同，但承担的工作相同，这当然会使得到好处少而承担相同工作的驴有怨气。这就要求管理者要公平对待自己的下属，在收益分配中尽量体现"多劳者多得，少劳者少得，不劳者不得"的原则。在漫漫征程中，主人将驴身上的货物逐渐转移到了骡的身上，驴不仅感到身上轻松了，而且感到心里舒服了，因为骡多食并且多干活这是天经地义的事情。驴希望在任何事情上都必须公平,但这是很难做到的。主人在最开始的时候让驴承担了与骡同样多的工作,这是出于组织的长远考虑。

　　骡吃饭多就需要多干活,但并不是在漫漫长途中的一开始就需要体现出来。主人在驴与骡两者之间要合适地搭配体力,以确保运送货物这项工作能够顺利完成。驴与主人考虑问题的侧重点不同,导致矛盾出现。主人认为在做这样的打算时无需对驴讲清楚,他作为管理者具有对组织发展进行战略设计的职责,驴作为员工只要认真做好他交代的任务就可以了。主人没有将组织的发展目标与员工的个人利益协调一致,是导致驴消极怠工的重要原因。组织发展中管理者具有合理配置资源的重要责任,但在管理过程中一定要实现管理者与被管理者之间的信息对称,并且要给予员工合理的待遇,这时员工才会对自己的工作表现出很大的积极性。

　　故事中骡比驴的饭量大,骡自然就应该做出比驴更加出色的工作。管理实践的一般原则认为,员工的工资愈高,其所承受的压力也应该愈大。而收入分配较多的人承担较少工作,收入分配少的人较多的工作,自然会招致利益相关者的不满。多劳多得是薪酬分配的一般原则,这句话倒过来也是成立的。当管理者在让较少收入者承担较多的工作,而这些工作又不是其分内之事时,就应该适当调整该员工的薪酬待遇,以便体现公平待遇原则。从表面上看,驴的埋怨好像是在斤斤计较,但这是员工争取公平待遇的心声,管理者不能对员工的这种心声置之不理。员工从组织中得到的每一点待遇都是自己劳动所得,管理者对员工付酬是在制度上对员工工作的认可,所以管理者不能有任何马虎。

　　组织中不同的员工能力有差异,管理者要能够很好地区分出这种差异,并且给不同能力的员工分配任务,同时给予不同能力的员工以公平的付酬。主人给骡的食物多而给驴的食物少,是因为骡的工作能力较驴强。在漫漫征程的一开始,驴与骡的能力差异还不会显示出来,但是随着路程的延长。驴逐渐体力不支而骡还可以照常工作，所以在工作之前主人按照每个人员工的工作能力分配待遇是比较合理的。不同员工对组织的贡献不在于短期而在于长期。只有在长期的工作中才能充分展示出员工的工作潜力。驴在短期内多作了一些贡献就怨声载道是不应该的。从长期来看，骡对主人的贡献还是远远多于驴，所以骡从主人那里得到的是自己应该得到的，这并不是主人的厚此薄彼。主人在此问题上如果事先给驴和骡讲清楚，也许驴的怨言就会少些。员工在为组织工作时考虑的是组织给我什么样的待遇，我就为组织作什么样的贡献，当自己受到的待遇与承担的工作不对称时，就会感觉不公平。

这种不公平出于绝对比较和相对比较。绝对比较即组织给予的待遇与自己的岗位职责应该得到待遇之间的比较。相对比较是自己受到的待遇与承担相同工作的人受到的待遇之间的比较。管理者在让员工承担工作的过程中，应该尽量实现分配的任务有相对的稳定性。即在待遇相对不变的情况下员工承担的任务也要相对稳定。在待遇没有变化的情况下让员工承担了更多的工作，员工自然会有很大的怨言。员工有怨言就会懈怠工作，员工之间就会基于利益矛盾而出现内耗，将主要精力由应付工作而转移到应付维护自身利益上来，这对于组织的发展是非常不利的。

分配制度改进：猎狗与肉骨头

猎人带的猎狗将兔子赶出了窝并一路追赶，但追了很久还是没有抓到。猎人开玩笑说："小的反而比大的跑得还快，真是搞不明白。"猎狗对猎人说："主人，我们两个虽然都在跑，但跑的内容是不一样的呀。我是为了一顿饭而跑，兔子却是为了自己的生命而奔跑呀。"猎人认为猎狗的话有道理，认为如果对所有的猎狗引入竞争机制，可能会增加战果。这种竞争机制就是"多劳多得、少劳少得、不劳动者不得食"。于是猎人规定：在打猎中能够抓到兔子的就能够分到五根骨头，抓不到兔子的则无骨头可食。

猎狗们开始时对这种竞争机制非常反感，但是随着时间的推移，大家开始认可这种竞争机制。所有的猎狗认为，吃不上骨头不仅表现出猎狗没有工作能力，而且还非常没有面子。于是猎狗们在追杀兔子的时候都非常卖力。但是在追杀猎物的过程中，猎狗发现大个的兔子由于跑得非常快，追上这样的兔子需要付出较大的体力，但是追杀较小的兔子就不用如此辛苦。于是猎狗们开始主要追杀较小的兔子而放弃较大的兔子。猎人发现猎狗抓到的兔子的个头越来越小，开始琢磨其中的原因：只是因为捉到大、小兔子所得到奖赏都是一样的，由于奖赏是按照数量进行而不是按照质量进行的，所以猎狗们为了保全自己的实力宁可追杀体型较小的兔子。并且猎人了解到这样仍然存在骨头分配问题，即有些猎狗发现了猎物但最后被跑得快的猎狗首先抓住而导致自己不能抓住猎物，发现猎物的猎狗反而得不到骨头。

为了避免以上情况的发生，猎人将所有的狗分成三组，分别由能力强、能力中和能力弱的猎狗组成。不同能力层级的猎狗被划分在不同的组群中，具有相似能力的猎狗之间相互比较，并且让不同奔跑能力的猎狗在不同的猎场上捉兔子。这样就不会出现能力强者总多吃和能力弱者总少吃的情形了，也不会发生上面所说的发现猎物的猎狗的捕猎机会被奔跑速度快的猎狗争抢的情形了。但是猎狗还是有意见，尤其是能力强的猎狗们普遍认为，这种方法只是在能力强的猎狗之间进行恶性竞争，猎狗之间竞争加剧了，但所能得到的食物并没有增加，这是不公平的。能力弱的猎狗这时并没有太多的负面反应。猎人开始也没有认识到事情会如此复杂，仅仅是几只猎狗就没有办法对付。这怎么能行？在新的分配制度下，猎狗们的工作积极性不仅没有加强反而被削弱，这不是猎人改革骨头分配制度的初衷。猎人还需要绞尽脑汁继续改革分配制度，以便能够让所有的猎狗感觉到分配制度相对公平，从而努力为自己捕获更多的兔子。

———————————————

　　猎人改革对猎狗分配骨头的制度，实际上就是通过相对合理的奖惩制度激发猎狗的工作积极性。两次制度改进都没有达到预期的成效，这说明猎人的改革思路还是有问题的。多劳多得的前提是猎狗们能够多劳然后才是多得。如果既定的制度不能让猎狗多劳，或者不能让所有的猎狗有多劳的机会，在这种基础上的多得自然也是不公平的。就像故事中所谈及的，一只猎狗发现了捕猎机会，但其他跑得更快的猎狗抢夺了这样的机会，成绩最后全部算在了速度更快的猎狗的身上，这对于速度较慢的猎狗是不公平的。速度较慢的猎狗虽然有怨言但没有抒发自己情感的地方。故事中的猎狗用小兔子代替大兔子，是因为猎人对大家的奖励是按照数量来进行区分的，这就是"上有政策下有对策"。猎狗们在分食骨头的过程中一改之前埋头苦干的情形，而是琢磨怎样用较少的劳动获得较多的回报。当所有的猎狗都在考虑这个问题的时候，猎人所推出的改革制度的漏洞就会暴露出来。这种漏洞就成为所有猎狗渔利猎人利益的缺口。

　　实际上猎人的改革初衷非常简单，目标是瞄准质量和数量两个方面，即捉到的兔子多且大的猎狗自然应该得到较多的食物。猎人如果想真正做到对所有的猎狗都公平，就需要在数量和质量两个方面作文章：数量越多者得到越多的骨头，相同数量情况下质量越高者得到越多的骨头。为了达到这样的目标,猎狗之间会产生纷争,即为自己谋求更多的猎物而在成员之间产生不合作的情形就会增加。因此,在鼓励个人成绩增加的同时,还要设立集体奖励。

在将猎狗划分为组的情况下,让每个组的组长负责激励组员的工作积极性,甚至可以让组长在骨头分配问题上具有一定程度的权力。就像前面所讲到的,兔子可能是被一只猎狗发现而被另外一只猎狗捉住的,在这种情况下兔子被逮住应该是两个猎狗合作劳动的成果。有的猎狗鼻子更加好使,可以很好地判断出兔子所在的位置。跑得快的猎狗及时抓住兔子对两只猎狗都是有好处的。猎物的捕获对于两只猎狗而言是合作劳动的产物。这时跑得快的猎狗可以多得到一些食物,跑得慢的猎狗可以少得到一些食物。如果没有这种合作,两只猎狗中的任何一只也不能得到食物。

只是在食物的分配问题上,猎人要花些心思,以便让不同嗅觉灵敏度、不同奔跑速度的猎狗能够得到自己觉得相对合理的食物。因此,猎狗能否辛勤劳动,关键在于猎人对猎狗是否具有责任心,即是否愿意付出更多的心血来探索一种在所有的猎狗中间进行收益分配的制度。如果猎人的目的只是想得到更多的兔子而在分配骨头上敷衍了事,则猎狗还不如将捕获的兔子自己吃掉,又何必将战果交给猎人而从猎人那里换取几个自己认为很不值得的骨头呢?当然故事终究只是故事。这样的故事实际上影射了管理者是否对下属有责任心。单纯追求自身收益而不顾下属心情的管理者不是合格的管理者。即使组织还是在低效率中维持,但实质上已经名存实亡了。

奖励制度改进：老虎大王"论功行赏"

　　老虎大王作为森林中的高层管理者，承担着建设森林秩序的重要责任。在年复一年的努力奋斗下，森林王国也积累了不少财富，并且已经形成了比较完善的部门结构。眼看又到一年的末尾了，老虎大王开始琢磨起对自己的员工进行"论功行赏"的事情来。

　　在以往年终评奖的过程中总会出现这样或者那样的失误，很多小动物总认为分配不公平，所以老虎认真思考了这个问题。以往评奖程序是这样的：老虎大王首先按一定比例对森林王国各部门下达优秀指标，各部门领导传达老虎大王的文件，让所有评委理解大王的评优精神，然后评委用投票方式进行表决，得到选票最多的成员将被评为优秀。但投票结果却让人大失所望：应该被评为优秀的员工没有被评为优秀，不应该被评为优秀的员工反而评选上了。

　　老虎大王为此决定不再实行直接投票方式，而是先审核每个参评人员的材料后再进行投票。基本程序是这样的：各部门管理者在让大家领会了老虎大王的评优精神后，开始对每个申报评优的员工的申报材料进行审核，将符合条件的材料留下，不符合条件的材料筛掉。大家对每个员工的材料了如指掌后开始投票，但是投票结果又非常令人惊诧，不仅投票非常分散，而且又使得不该被评为优秀的员工被评为优秀，业绩非常突出的员工又一次落选。森林王国的各部门领导感到茫然。

　　第三年评优的时候，老虎大王对先前的评优制度又做了进一步的调整：改投票为审核。评优程序与前两年基本相似，不同的是评委的责任在于对每位员工的材料进行审核，在审核的基础上对每个参评人员的参评材料进行排序，材料最"硬"（同一个指标下的第一名）的排在前面，材料"软"的排在后面，以每个指标排在第一的数量较多的成员为第一位优秀员工，然后再在剩下的员工中间按同样方法评选出第二位优秀员工，依此类推,直到用完老虎大王下发的名额为止。评选完后,评选结果确实与先前出现了很大差别。老虎大王看到森林王国中没有了负面意见,认为这样的评奖方式是最为公正的,打算明年继续实行。

　　老虎大王的目标非常明确,即在森林王国中形成一个比较公正的奖励分配制度,但经过几次制度调整后都没有达到预期的成效。虽然在最后一次制度调整后没有人再提出负面意见,但从故事中可以体会到,大家只是将这种意见隐藏了起来。这说明评奖中还是存在问题的。从故事中的情况看,奖励分配制度的几次调整都没有解决评委的私利性问题,以致评委的私利性动机代替了制度正义。投票是由具有私利性的个体完成的,评委在投票过程中是很难摆脱私利性动机的,即每个评委都会以自己与被评价者的感情远近进行打分,感情近者多打分,感情远者少打分。于是这种评奖过程中的感情因素是非常强的。由于每个人的感情关系网是不同的,所以投票结果非常分散也就可想而知了。最终的得奖者往往并不是部门内部的最优秀者,而是与诸位评委情感关系最佳者。这样的评奖过程就用情感取代了制度,奖励的分配自然也就不能与成员对森林王国的贡献挂钩。本来老虎大王的奖励分配目的是将奖金分配给对森林王国贡献最大的人,但是由于情感取代了制度,老虎大王的目标自然就不能达到。

　　老虎大王为了做到奖励分配公正,对评奖过程进行了几次改革,但改革后的制度并没有达到预期成效。每次改革实际上都只是在形式上进行了变化,部门管理者并没有实质性地控制评优局面。每一次看似都在向公平逼近,但都只是在表面上做了变通而没有实质性的变化。

　　从第一次变通来看,由原来的直接投票变化为让评委首先熟悉每个参评人员的材料再进行投票,表面上看似程序非常严谨和公正,实际上与第一次没有什么差别,因为审材料和写投票是两码事。大家在审材料时都表现得非常严肃、公正,但在投票时仍然按照自己的思维方式进行，即大家在投票时完全可以不按照在审材料时所说过的话进行。实际上大家在一本正经地游戏制度。

其次是第二次变通，不施行投票制而施行审核制。在审核材料时大家对同一材料的看法会出现意见不一致，这时大家的意见是有倾向性的，每个评委都希望将与自己亲近的人的材料画在圈内，以保障其获准率较高。围绕同一个问题展开无效的争论不仅浪费了时间，而且很难保证评价结果的公允性。

在第二次制度变化中，老虎大王以"排序方式"进行评奖，材料在"软硬"区分的依据以及数量界定方面是一个很大的漏洞。如果小鹿的所谓"硬材料"只有一项，而小猴的所谓的"非硬材料"数量很多并且其中有些只是稍微逊色所谓的"硬材料"，那么小猴虽然做了很多工作，但由于缺乏一个所谓的"硬材料"，还是不能战胜小鹿，小鹿的获选对于小猴而言是不公平的。小猴虽然综合实力较强，但由于在某一方面不如小鹿，最终还是与得奖失之交臂。在老虎大王的"排序制"方式下，本来具有强大优势的小猴就会输给本来不具有优势的小鹿。小猴虽然并不表明自己的想法，但这并不能表明该种评奖方法就是公平的。

老虎大王对自己的奖励分配制度改革措施非常满意，其思维的依据是：手下没有向自己反映问题。但这种奖金分配制度是以小猴的利益损失为代价的。小猴虽然没有向老虎大王表明自己的想法，但这只是将问题暂时掩盖了起来。看似公平的分配制度的背后使得很多优秀的成员蒙受了"不白之冤"。在这样的分配制度下，优秀的组织成员会感觉到非常压抑，其结果就是：真正优秀的组织成员不愿意参与这种不合理的奖金分配评选，而并不是很优秀的组织成员反倒会在评选会上频频露脸。本来应该为优秀成员获得的奖励最终却成为了"跳梁小丑"的囊中之物。森林乐园于是就会长期笼罩在沉闷的阴霾中。

公平管理制度：分粥制度的演进

　　有这样一个故事：有七个人在一起生活，共同创造和享受劳动成果。由于大家共同付出劳动，所以都有公平地享受劳动成果的愿望，但在没有称量器具的情况下如何用一种公平的方法来分食一锅粥呢？于是每位成员开始冥思苦想，力求找到一种最完善的分粥制度，大家想出的方法可以归纳为以下几种：一、选出一个负责人分粥，但大家很快发现这个人总是给自己分的粥最多，于是又换了一个人，不久同样的事情又发生；二、大家轮流分粥，这种情况下每周每个人都有一次主持分粥的权利，但每个人都感觉到一周中只有一次多吃些粥的机会；三、选出一个耿直有威信的人分粥，不久发现有些成员会为在分粥时多分得一些而贿赂这个分粥者，耿直有威信的人也抵挡不住谄媚小人贿赂的诱惑；四、成立分粥委员会分粥，虽然可以达到一定程度上的监督和制约，但在每次分粥之前长时间的议案讨论使得成员不能食到热粥；五、分粥者最后领粥，这次大家发现七个碗里的粥每次都一样多，于是分粥做到了公平。

　　这个简单的故事实际上阐述了一个非常深刻的道理：公平的分配依托于合理的制度，合理的制度在选择中成长。社会发展中，在一个组织拥有既定财富总量的前提下人们总是在寻找一种能够实现公平分配的制度，在公平的分配制度下可以使组织成员保持平常心且有高效率。没有公平的分配制度，最终会导致组织无效率：不公平分配制度下分配大家共同创造的劳动成果时会将效率高的生产者的部分劳动成果无偿地转移给效率低的劳动者,效率高的劳动者会因为没有得到自己应得的全部报酬而缺乏工作兴趣,效率低的劳动者也会因为无成本地得到了额外的"报酬"而"守株待兔",形成懒于创造而坐享其成的心理,组织中的所有成员都想多索取而少付出。

故事中,七个人在找到第五种分粥方法之前,一定会将其注意力主要集中在分粥制度的设计上,而不会花心思考虑这样一个问题:如果粥多了,即使分得不平均,每个人也有可能比绝对平均分配时分得的粥要多。这时大家关注的不是粥有多少,而是自己能得到多少,组织成长因而被忘却,组织的未来当然就没有希望。这时公平比效率更重要,公平与否决定了效率能否存在。如何实现组织内部成员分配的公平是组织成长中制度建设的共同追求。但在制度建设中经常会有阻碍:其一是制度的选择不合理,大家不知道选择一种什么制度才能实现公平分配;其二是既得利益者对既定制度抱残守缺,从成规制度中已经得到好处的成员不愿放弃旧制度。这个故事中的七个人成了一个组织,大家在一起生活的过程中不免要面临分配问题,在共同创造劳动成果的前提下有共同享受劳动成果的愿望,于是探索如何分粥才能让大家都较公平地分享劳动成果就成为大家十分关心的问题。

故事中大家想出了五种分粥机制,只有第五种取得了比较好的效果,其他几种机制都没有得到相应效果的原因就在于制度设计不合理。前四种制度设计都是想尽量用外力来约束分粥者,而分粥者本身却没有抵制自己多分粥的愿望;最后一种分粥制度的好处就在于不是用外力来约束分粥者,而是分粥者自己约束自己。故事里在分粥制度的探索中逐渐寻找到了用分粥者的心理来自发约束自身行为的一个巧妙方法。在这个组织中,粥的多少关系到自身利益。根据传统思维,无其他约束下在既定数量的粥面前每个拥有分粥权利的人都会想尽一切办法让自己分得的粥多一点。因此,无论通过什么样的途径,只要自己掌握了分粥的权利后就会首先满足其贪欲,在这一点上即使道德非常高尚的人也无法避免。由此可以想到,在选择分粥方法时,其实有过这样的假设:分粥者能够用道德的力量来约束自己。

但故事中更换分粥者的结果表明,无论谁作为分粥者都会发生同样的问题。因此,每次淘汰以前的分粥方法而选择一种新方法时都是对效率更高的分粥机制的一种靠近,直到寻找到效果较好的第五种方式时为止。这表明,组织内每次寻找具有更进步意义分配机制的时候都逐渐放松了先前道德约束行为的假设,而是在寻找一种更经济的方法制约经济人行为的良方。因此很多时候通过制约人的行为从而使组织高效率前进的多种方法中道德的方法并不能产生预期效果,而充分利用经济心理制约经济行为人反而有效。

故事中很好地利用了经济原则来自发地约束经济人自身的行为,最后的分粥规则使得分粥者为了不让自己比别人少而必须将粥尽量地分匀,以便自己最后领粥时不至于很少。故事是通过经济人本身对经济利益追逐的规律来巧妙地支配分粥者的分粥行为。分粥完成后分粥者的目的达到了,组织的目的也达到了。由此

可以说明,组织成长中一定要尽快找到合理的制度设计,不然大家都会成为制度的受害者。设想第二种分粥制度,由于每个人都会具有分粥的权利,所以都盼望着轮到自己分粥时会更多地分给自己,这种分粥制度会促成利己文化,从而严重破坏团队精神,人们的精力就会主要用在治人上而不是组织的进步上。通过努力一旦形成合理的制度,就必须保障其连续性。假设第五种分粥制度实施一段时间后,怀念旧制度的成员又将分粥制度回归到了先前,组织就会陷入迷茫。当然,故事中的第五种分粥方法也不尽完美,因为这种分粥方法实际上是平均主义的做法,因为所有成员虽然共同创造财富但付出的不一定一样多,所以分配也不应该是平均主义的,至于怎样完善还需进一步探索。

现实中五种分粥制度随处可见,但社会发展对制度建设的要求至少要达到第五种分粥制度的水平。即使是在第五种分粥层次上,一些管理者也并没有很好地体会并实践这一点,更多的是单单注重制度建设,不注重制度的成长和滋养,制度

建设中大多注重的是外在强制,违背经济规律。应该说,制度像生物一样是有生命的,有生命的东西就需要呵护。如果制度建设与经济人的行为规律相吻合,像故事中分粥者越为自己着想就越对他人有好处,从而潜在地用经济规律支配其自律行为,制度会因此表现为高效;反之就会效果很差。组织成长需要制度维系,而选择合理制度的任务非常艰巨,好的制度的目标在于:公平分粥和分更多粥。

制度激励：大猪小猪争食博弈

智猪博弈是经济学中非常典型的一个例子，讲的是猪圈中两只猪为了抢食而发生的争斗关系。两只猪的大小有差异，想要得到食物就需要其中一只猪踩踏板，踩一次踏板就会向食槽中投入些食物，但由于两只猪的体形大小有差别，所以奔跑的速度以及被踩出的食物数量也会有差别。在其中的一只猪踩踏板的时候，另外一只猪就会等在食槽旁进食。由于小猪每次踩出的食物较少并且奔跑的速度慢，所以小猪在踩踏板后并且奔跑到食槽旁的时候大猪已经将食物吃完，小猪只是白忙活，于是小猪不愿踩踏板。大猪踩踏板时每次踩出的食物较多并且由于奔跑的速度较快，所以踩完踏板并奔跑到食槽进食时小猪不会吃完，大猪也会有足够的食物享用。这样就会出现总是大猪去踩踏板而小猪等食的状况，因为即使小猪踩踏板也不会吃到任何食物，所以对于小猪而言最好的选择就是等着大猪踩踏板后免费进餐。小猪的"搭便车"行为使得大猪很无奈，因为如果大猪也不去踩踏板，则两只猪一点食物也不能吃上。于是小猪"吃"大猪的情况总会出现。

为了改进小猪的行为，经济学家们想了很多办法，其中"减量法"、"增量法"和"减量＋位移法"是比较常见的方法。

"减量法"即将每次踩踏板时的投食量减少，这时小猪自然还是不会去踩踏板，并且因为投食量减少，大猪踩踏板后小猪会将食物吃完，大猪也会面临徒劳无获的窘境，减量的结果是大猪和小猪都不愿意劳动。

　　"增量法"即将每次踩踏板的投食量增加，这种情况的结果是两只猪都会去踩踏板，在一只猪踩踏板的时候另外一只猪不会紧张，因为每只猪都不会担心自己没有吃的，由于投食量的增加每次踩踏板后的投食量不会由一只猪全部吃完，最后的结果是两只猪中谁想吃食物谁就去踩踏板，另外一只猪也不会着急地争抢食物。

　　"减量＋位移法"即在将投食量减少的同时将投食口移到踏板附近，在这种方法下，两只猪都非常愿意去踩踏板。原因在于：每次踩出的食物量都非常有限，这就会增加两只猪争抢食物的动力；由于踏板距离进食口较近，所以谁具有踩踏板的机会就会具有吃到更多食物的机会。

　　三种方法中，"减量＋位移法"是最有效果的，不仅遵循了经济学原则，而且也在最大程度上实现了管理效率的增加。"减量法"虽然减少了运营成本，但使得两只猪工作努力的积极性都下降了，这不是管理学所需要的目标。"增量法"虽然使得两只猪都有了很大的劳动积极性，但需要以管理成本的增长为代价，也不是管理学所需要的。

　　智猪博弈虽然是一个经济学原理，但其在管理学方面也具有非常重要的意义。管理者的责任在于提高管理的效率，通过建立合理的制度以恰当的成本激励所有的员工为组织的发展努力工作，同时员工个人也会从组织的发展中得到更多的实惠。"减量法"与"增量法"都由于没有达到预期管理效果而被认为是不合格的管理方法。只有"减量＋位移法"被认为是管理学意义上的方法：只是由于管理机制发生了变化，在管理成本下降的同时让两只猪的劳动热情都有较大幅度的提高。在一个组织的发展中，管理者的责任就在于通过探索合理的管理制度使得管理效率提高。

　　组织的发展中总会存在像小猪这样的"搭便车"行为，大猪努力劳动的部分成果为小猪侵吞，大猪虽然很无奈，但不让小猪"搭便车"就不会有自己的"口粮"，在这种情况下,大猪就会越发贪婪,在踩了踏板后就会疯狂地奔跑到食槽进食,生怕自己的劳动成果被小猪多占一点,但不管怎样,大猪的劳动成果被小猪部分占有是在这种局面下不可改变的事实。小猪坐享其成虽然为大猪所不齿,但大猪终究不能将小猪怎样。于是大猪只能无休止地为小猪做"免费午餐"。两只猪在不断地争抢食物的事实自然被饲养员看得一清二楚,但两只猪之间的利益并不会对饲养员产生影响,所以饲养员可能会在一旁看戏。而大猪这样下去会非常劳累,并且会导致长期心情不好。因此,饲养员有责任在两只猪的进食制度上进行改进。例如采用"减量+位移法"就达到了管理的目的。在这种方法下不但达到了节省成本的目的,而且使得两只猪都最大程度地活动起来。

只是一个食槽的位置变化就让两只猪尤其是小猪也心甘情愿地多劳动,只是因为食槽位置的变化就让小猪在多劳动的情况下也看到了能够享受自己的劳动成果的希望。小猪原来"搭便车"实际上也并不是其本意,只是出于与自己能力相关方面进行权衡考虑的结果。饲养员将食槽的位置做了变化,在投食量没有增加的情况下达到了预期效果,这正是饲养员的聪明所在。在一个组织中,员工不努力工作往往并不是员工的错误,而是管理者的责任。管理者的最重要责任就在于在既定成本下或者在减少成本的前提下达到比高成本时更好的效果。目标管理理论认为,为员工设置的奋斗目标应该遵循"跳一跳能够摘到树上的桃子"的原则,这不但需要桃子的高度合适,还要确实保证有桃子可摘。投食量减少就会令小猪无"桃子"可摘,所以小猪就会铁了心"搭便车"。

按照"增量法",虽然两只猪都有"桃子"可摘,但因为"桃子"太多以至于两只猪都不会担心自己无"桃子"可摘,不但令饲养成本提高,而且两只猪也不会有竞争意识。

"减量+位移法"限制了桃子的数量,从而提高了两只猪之间的竞争,而且将食槽与踏板的距离进行处理,这实际上体现了"多劳多得"原则,是一种奖励措施。制度变化的目的在于通过变化激励方式使得所有成员的目标均达到，其本质在于劳动成果的重新分配。饲养员如果在这方面不能做好，就没有必要再做饲养员，让具有更多的聪明才智的人才接替饲养员，或许能够达到让两只猪长胖、爱劳动并且尽量为公司节省饲料的目的，这是饲养员义不容辞的责任，而不应该认为是可做或者可不做的事情。饲养员就是管理者，组织成员扮演的就是小猪和大猪的角色。

第 **4** 部分　**拨开云雾才能见青天：**
能力评价

组织的发展需要战斗力很强的团队,员工的能力在这中间就具有很重要的作用。但是学历、知识、能力三者并不是一回事。能力的内容非常宽泛,包括专业技术能力、创新能力、团结协作能力、预见和解决问题的能力等。不同的组织以上几个方面的要求也不相同。一些组织为了提高成员的学历水准,在挑选人才的过程中往往会产生唯学历论的偏见。成员的学历很高,但解决实际问题的能力却很差,这对于组织的发展并不是一件好事情。有的组织成员在与同事相处的过程中过于以自己为中心,说话办事完全不考虑其他人的想法,从而不能很好地与组织中的其他成员之间进行合作,这在一定程度上损失了组织成长力。

对组织成员的能力评价需要采用客观的指标。否则就容易淹没人才。例如,如果对兔子进行游泳技能的测评兔子肯定是不合格的,同时对乌龟进行奔跑速度的测评乌龟肯定也是不合格的。但兔子实际上是赛跑高手,乌龟是游泳健将。对真正的人才进行吹毛求疵或者施以不合理的测评,对组织的发展是非常不利的,不但不能为组织聚才而且会使局外人感觉到组织的不健康氛围,更多的人才会望而却步。此外还有可能造成才非所用、岗不得人,从而使得组织内存在着严重的窝工问题。

能力与学历：博士出洋相

　　刚毕业的博士与研究所的正、副所长一起钓鱼，两位所长都是本科毕业，博士觉得与两位所长没有什么共同语言。三个人静静地钓鱼。不一会儿正所长轻轻放下鱼竿，健步如飞地从水面上跑到河塘的对面上厕所，完后又健步如飞地从水面上"漂"回来继续钓鱼。博士见状非常惊讶，想问所长这一身本事是如何学到的，但碍于博士的面子终究没有向所长求教。过了一会儿，副所长也以同样的方式到河塘对面上厕所并回到原来的地方钓鱼。博士见状更为惊讶，两位所长都具备了如此了得的轻功，自己不会轻功，一会儿怎样上厕所呢？过了一会儿，博士觉得自己也应该上厕所了，如果绕过河塘上厕所不但浪费时间，而且还会在两位所长面前非常没有面子。考虑再三之后，他认为两位学士都能够"水上漂"，何况自己这个博士呢！于是起身就向河塘中跨去，其结果可想而知。博士一头栽到水里。两位所长见状赶紧前去搭救，问博士为何这样，当知道博士是想学着两位所长的样子到河塘对面如厕的情况后便大笑不止："我们非常熟悉这里的情况，我们也并不会什么水上漂。这河塘中本来有两排木桩，原来都在水面以上，但由于近日来降雨，水面没过了木桩，而我们经常在这里来回行走，知道木桩的准确位置，刚才我们正是踩着这些木桩过去的。"博士听了所长的话后非常惭愧，由于自己自以为是，才导致了刚才的出丑。

　　博士不向两位所长求教的原因在于自己是博士，而两位所长是学士，是高学历导致博士禁锢了自己的思想并出了丑。高学历本来应该是学识增长的象征，但是

博士却因为自己学历高于他人就认为自己在任何地方都较他人高，高学历成了封闭自己的前提。应该说，博士只是在某一方面更加专业，当跃出自己的领域后也是一个非专业的普通人。因此，善于向其他人求教和学习就会避免自己在其他问题上犯错误。学历和能力之间往往是不对称的，刚刚毕业的高学历人才更是这样。

博士看不起两位所长，仅仅是因为两位所长都是学士。而正是这两位学士，在穿越河塘的过程中没有落水，博士却有了上面的下场。所长之所以能够穿越河塘从而抄近路到对面如厕，是因为所长知道在河塘的水面以下有两排木桩，凭借经验就可以准确无误地踩着两排木桩轻松地漂到河塘对岸去，而博士对此全然不知。在该问题上学历并不起多大作用。经验较学历更加重要。经验对于两位所长而言就是超越博士的能力。博士不具有这种能力而且不懂得虚心请教，这实际上是为所长所不齿的。博士为了在以后不出现类似的荒唐局面，就需要认真向两位所长学习。取他人之长补自己之短，才能够使自己在多方面迅速成长，不犯错误或者少犯错误。

为了使年轻的博士不掉进河塘，所长在这中间也扮演着重要角色。两位所长如果事先告诉博士自己飞过水面的原因，博士自然不会对两位所长有那种好奇心。两位所长飞跃河塘如厕而不给博士解释，这实际上已经具有对博士进行挑衅的意思：学士不是在任何方面都不如博士的，我们两个都能够这样穿越河塘，看看博士怎样穿越河塘。两位所长的这种思维前提实际上已经具有看博士笑话的含义。因此，当博士掉进水塘后两位所长哈哈大笑，这大笑的言外之意就是：博士的下场正好与自己的预期相同。

博士的确较学士在学历上高出一截，但学历不代表能力。两位所长虽然学历较博士稍微低些，但由于具有丰富的经验，进而在"漂"过河塘的时候没有落到水中，这是单凭学历所不能做到的。博士学历很高，但在过河塘的时候出了丑，这说明很多时候能力亦十分重要。故事给读者的教育意义在于能力和学历都很重要，但是在过分强调某一个方面而忽视其他方面的时候就会出问题。企业在用人的过程中需要在能力与学历两个方面同时做出考虑。学历只是表示具有学习的经历，在实际工作中为组织作出贡献依靠的并不是学历而是能力。一般而言，具有较高学历的人由于接受过更为系统的训练，所以其工作能力一般也相对较高。但是并不是具有高学历的人都具有较强的能力。在激烈竞争的社会中，很多人拿到一个学历只是作为一块敲门砖，具有某种学历的人能否具有相同档次的能力，并不能单纯凭借其学历证书得到证明。具有较高学历的人往往比较自负，就像故事中的博士一样，总认为没有人能够比得上自己，但是这样的人往往眼高手低，单纯具有较高的学历而不能做出漂亮的工作，最后使得管理者对之大失所望。学历需要通过在实践中磨炼才能够变成能力，具有能力的人的学历才具有较高的含金量。故事中的两位所长虽然只有学士学位，但在长期的实践中已经具有较强的能力，能力的提高与自己常年的经验积累是分不开的。博士恰恰缺少了这样一个磨炼的过程。为了使得高学历的博士在尽量短的时间内提高能力，就需要不断向两位所长讨教，从所长那里得到的间接经验对于自己提高能力是非常重要的。具有高学历的人不应该自命清高，具有强能力的人也不能隔岸观火。只有学历与能力很好的结合才能够让博士的学历变成现实的能力，并且所长也会从博士那里学到其曾经不知道的东西。在工作中，能力第一，学历第二，具有较高学历的人应该率先俯下身来向具有较强工作经验的人学习，只有这样，"所长"的能力才会变成组织中每个人的能力，并增强组织的竞争力。具有高学历的人也会因此而不只是满腹经纶，其拥有的厚重的理论功底才会尽快变为组织的财富，高学历者才不会感到孤独。高学历、低能力者应该冲破学历这个阻碍，主动向低学历、高能力的同行学习，才能够使得自己进步很快，并且在工作中不出丑，在自己身上尽快实现能力与学历的统一。

让管理者读懂你：情人眼里出西施

　　老和尚与小和尚住在庙中每日砍柴挑水，过着平平淡淡的日子。这天，小和尚找到老和尚，说现在的生活太平淡了，要成就一番大事业，希望通过读书改变目前的生活状态，并且问老和尚："一个人怎样才能做一番大事业呢?"老和尚思考再三，并没有说什么，而是径直走回自己的房中搬出了一块石头，告诉小和尚将它拿到集市上卖，并且再三叮嘱小和尚，买家无论出什么样的价钱都不要卖掉这块石头。小和尚不知其中的奥妙，便背着这块石头走上集市。

　　第一天，小和尚在集市上等了一天都没人问津，临到傍晚的时候有一个中年妇女走到了小和尚的面前说愿意出六文钱购买这块石头当镇纸用。小和尚按照师傅的交代说不卖，这位妇女以为自己出价太低了，马上加了一倍的价格。但无论这位妇女怎样说，小和尚还是不卖，将石头拿回庙中向师傅交差并告诉了师傅今天发生的事情。

　　第二天，老和尚又将那块石头搬了出来，并告诉小和尚将它拿到米铺老板那里去卖，并告诉小和尚说无论买者出什么样的价钱都不能将石头卖掉。小和尚到了米铺，老板说愿意用五百两银子买下这块石头，老板说这块石头不是普通的石头，而是世间一件非常稀有的化石。米铺老板的出价差点吓着小和尚。小和尚暗自琢磨：这么一块石头难道真的值这么多钱吗? 按照老和尚的交代，小和尚并没有将石头卖给米店老板。

　　第三天，老和尚让小和尚带着那块石头到珠宝行去卖，同样吩咐小和尚无论人家出多少价钱都不能卖掉这块石头。小和尚带着石头到了珠宝店，老板见了石头后眼睛都放光了，表情非常严肃地说："依我目前的实力还买不起这块石头，我只有一些田产、两家当铺和四家珠宝店。如果用我的这些财富可以换取这块石头的话，你可以马上得到这些财富。这块石头不是一块普通的石头，虽然外表与普通的石头没有太大的差别，但却是非常珍奇的上好玉石。"

老板非常诚恳地说了很多，但小和尚还是没有将石头卖给老板，回到庙中将石头交给了老和尚，并非常忐忑地对老和尚说："您居然让我随随便便地拿着这样一块价值连城的宝玉到集市上去，您难道就不怕出什么差错吗？"老和尚对小和尚微微一笑，说："我的目的不在于让你卖掉石头，而是让你知道在不同人的眼中，这块石头的价值是不一样的。它对于普通的妇女而言只是镇纸，对于米店老板而言是化石，对于珠宝店老板而言是盖世无双的宝玉。在不同的人的眼中你的价值是不一样的，你的人生能否放出光彩除了你要具有才能外还要找到能够读懂你的人才行。你有读书的愿望很好，但读书学到知识后只有找到能够读懂你的人才能重用你并且让你成就一番大事业，否则，即使你是无价之宝也不会放射出耀眼的光芒。"

老和尚的话非常有道理，它不仅适用于小和尚，也适用于组织中的员工。才华横溢的员工若在一个组织中只被委任以搬运工的职位，其再努力干活也充其量是一个搬运工而已。就像诸葛孔明在未辅佐刘备之前，只是一个山村农夫，如果没有刘备启用其为军师，可能我们就不会知道历史上还有一个叫诸葛孔明的人。员工成才不但需要提高自己全方位的素质，同时还需要有能够读懂自己的人做自己的上司。前者是自己能够把握的，后者是可遇而不可求的。老和尚实际上在告诉小和尚，要寻找使自己展示才华的机会。员工能否得到上司给自己发挥创造潜能的发展机会，是主管领导的事情，但员工在一定程度上也是可以选择自己的上司的，在感觉自己的上司有意压制自己时，自己有离开或者继续留在组织的选择权。

员工就是一块石头，在没有被打磨前，其内在品质并不能为人们所看到。而认识普通石头的内在品质需要辨识者具备很好的专业能力。石头在妇人、米店老板以及珠宝行老板那里得到的结论不一样。这块石头如果被出售给妇人就会一辈子作为镇纸,而在珠宝行里就可以作为镇店之宝。不同的所有者对这块石头的态度自然也会有很大的差别。

在不同的组织环境下,管理者对员工的重视程度自然不同。像对待镇纸一样对待有才华的员工,这个员工一辈子不能成大器。像对待宝玉一样对待员工,有才华的员工自然会得到很好的发展机遇。宝玉的价值可以在很长时间内不为人们所识,但只要有一天能够遇到慧眼识才者,宝玉就能放射出耀眼的光芒。个人的价值是有时间限制的,随着员工身体素质的降低,即使其有经天纬地之才,在年迈时也难以放射出耀眼的光芒。找到能够读懂自己的领导对于才华横溢的员工是有时间限制的,要在自己年富力强的时候寻求这种信息不对称的突破。

目标管理：不一样的猴子

———————————————

　　有人曾经做过这样的一个实验：将六只猴子以两只一组放进三间房中，房子里在不同高度上放置些食物。第一间房子中的食物放在地面上，第二间房子中的食物悬挂在半空中，第三间房子中的食物放置在房顶的高度上。过了些日子后，专家到三间房子里面查看猴子的情况，发现第一间房子中的两只猴子一死一伤，第三间房子中的猴子已经全部饿死，只有第二间房子中的猴子还是活得非常健康。后来，专家们对如上情况的原因进行分析，但是无论怎样分析也不能得出结果。

　　无奈之下，专家们只好在三间房子内安装摄像头，重新进行相同的实验。人们在观察中发现：第一间房子内的猴子看到地上唾手可得的食物就大打出手，谁在争斗中够狠，谁就能够得到更多的食物，但是在争斗中力量较弱的一方不会甘心失败，即使自己不能得到食物也会与力量较强的一方拼个你死我活，于是虽然力量较弱的一方最后战死，但力量较强的一方也弄得遍体鳞伤。第三间房子里的食物由于被挂在了房顶，导致房子里的猴子都不能得到食物，最后都被活活地饿死。第二间房子中的食物被挂在了半空中，房子里的猴子会根据自己的能力取到不同高度的食物，由于食物不是放置在地上，所以食物并不能轻而易举地取得，对于不能唾手可得的食物，两只猴子需要相互协作取得较高位置的食物，再对取得的食物进行分食。虽然两只猴子还会因为食物打架，但在获得食物的问题上，两只猴子必须精诚合作才能达到获取食物的目的。在这样的合作状态下，两只猴子最后都能够生存下来。

这样的实验虽然发生在猴子中间,但猴子的行为与组织中员工的行为是一样的。组织中员工的能力是有差异的,需要根据员工的能力设置合适的目标,保证对员工的工作积极性具有较好的激励作用。目标设置得太高,会使得所有员工都不能达到目标的要求,就会导致第三间房子中的情况发生。如果目标设置得太低,所有员工不用经过努力就能实现自己的愿望,于是就会出现第一间房子中的情形。只有目标设置的相对合理时,才能出现第二间房子中出现的情况。任何一个组织的存在都必须有自己的目标,目标是组织得以存在的前提,也是管理存在的前提。

目标对组织的发展是非常重要的。目标设计得恰到好处就能够充分挖掘组织成员的工作积极性。就像故事中三间房子中的猴子一样。目标设得太低,猴子就没有必要发挥潜能,轻而易举地就会得到食物,这样,猴子不但会大打出手,而且会坐享其成。如果将食物挂得足够高,对于企业管理而言就意味着目标设计得太高,员工将目标的高度与自己的能力相比较之后,发现使劲浑身解数也不能达到这个目标,而员工的能力又不能在很短时间内得到较大提高,在这种情况下,员工首先想到的不是提高自己的能力,而是望洋兴叹和自暴自弃,最终放弃谋求实现这个高目标的愿望,就像第三间房子中被饿死的猴子一样。组织在为员工设计目标的时候一定要与其现有的能力相匹配,只有这样,员工才会觉得有达到这个目标的希望,在实现这个目标的过程中就会不断提高自己的能力,在员工不断提高素质的过程中就实现了员工个人目标与组织发展目标的一致。

组织设计目标的目的在于通过不断提高组织成员自身素质实现组织发展与员工个人发展两个目的。任何一个有成就欲望的管理者都会有"恨铁不成钢"的心情,但这种心情不能单纯依靠设计不科学的目标进行,而是必须从开发员工的能力入手,在员工能力逐渐提高的情况下逐渐提高目标。只有目标适度才能够激发员工提高自身能力的欲望。管理者如果将工作重心单纯停留在目标层面,就会使组织的发展出现问题。通过设计合适的目标激发员工的创造力自然很重要,但是比这个层面更重要的事情在于：管理者一定要创造很好的环境让员工的能力得到提高。管理者的责任不仅在于用人，而且在于开发员工的潜能。目标在一定程度上能够激发员工的创造热情，但只有目标合适才能够达到这样的效果。与员工的能力不对称的目标只能够让员工非常泄气。

员工的素质是有差异的，针对同样的目标，不同员工的创造力发挥情况也会有很大的不同。同样一个目标对于某些员工而言可能是没有挑战性的，但对于另外一些员工而言则挑战性会很强。因此，在岗位设计的过程中一定要将员工的能力与其完成的工作任务之间进行很好的联系，以便能够做到人尽其才和物尽其用。为了使得管理效率更高，管理者就需要对组织成员进行认真分析，为不同的组织成员设计有差异的目标任务，并实行有差别的待遇，将岗位、责任、权力、待遇等紧密结合起来，以目标对组织成员进行激励和约束，让组织成员发自内心地做好本职工作。

每个组织成员的能力是有限的，为了完成较高难度的目标需要更多的组织成员合作才可以。在激烈竞争的社会中，很多任务是不能凭借某个个体的力量就能够完成的，这时就需要组织成员具有合作的意识和愿望。在完成这种任务的过程中每个成员的作用都是很重要的，管理者在其中的作用主要是协调和配置。管理者保证组织成员在为共同的目标而工作的过程中尽量少地产生矛盾，将最合适的人配置在最适合其发挥作用的岗位上。在成员相互合作的过程中，每个人都是在以他人为合作对象的过程中发挥自己的作用的，每个人的角色都很重要。所有的成员都需要为"演出一场戏"而精心完成自己的角色，在这台戏中缺少了任何一个角色都是不可以的。在合作中，每个人都会通过协作而在实现组织大目标的过程中实现自己的小目标。

没有整个组织的发展，员工个人是不能够得到发展的。在这样的目标管理中，每个人的利益已经与组织的整体利益紧紧捆绑在了一起。由于在这样的合作过程中,组织成员意识非常清楚,所以合作会更加默契。就像故事中的第二间房子中的猴子一样,每只猴子都非常清楚,失去了任何一只猴子,屋顶的食物都不能取下来。而在取食这个目标达到后,每只猴子都会承认对方的贡献,在分食的过程中也就不会有更多的纷争。因为对于这两只猴子而言,合作并非是一锤子买卖,在这次合作之后还会有更多的合作。猴子合作的目的在于能够得到自己需要的那份食物,这是自己的小目标。但为了实现这个小目标,就必须通过合作让他人也获得食物。最后两只猴子都得到了属于自己的食物。为了更好地生存,两只猴子就需要不断地这样合作下去。在这种合作中彼此之间会越加默契,双方在彼此信任的基础上会不断实现更高水平的目标,在合作过程中不但目标的水平不断上升,而且各自的能力也会得到加强。

管理者最重要：唐僧的角色很重要

朋友甲和朋友乙这天闲来无事,聊起《西游记》中的情节。甲首先开始发问:"你认为西游记中哪个人物最不重要和最没有本事?"乙不假思索地回答说:"当然是唐僧。在师徒四人当中,除了唐僧之外,其他人都具有武艺并能够降妖捉怪,只有唐僧除了吃斋念佛之外什么都不会,而且还对孙悟空不时地念紧箍咒,不但没有将好事情做好,还经常将好事情做坏,并且经常让自己的徒弟在一些事情上受牵连,唐僧的吃喝都是自己的徒弟找来的,唐僧简直成为了其他三个人的累赘。"

甲对乙的看法表示不同意,对乙说:"你的说法是错误的。四个人中唐僧应该是最重要的,因为只有有了唐僧才会有西天取经的计划,也只有唐僧才知道到西天取经从而普度众生的道理。在取经途中,孙悟空、猪八戒和沙和尚都发过脾气,在发脾气的过程中都有'回家'的心理,这些人都会将怨气发在唐僧身上,而在整个取经的过程中只有唐僧没有发脾气,在其他人都可能打退堂鼓的时候,只有唐僧毅然决然地向前走,其他几个人是在唐僧的约束下完成取经的目的的。故事中孙悟空虽然比较聪明,但往往都是些小聪明,而且做事情没有耐心;猪八戒好吃懒做,而且在取经途中掺杂了更多的私心杂念;沙和尚虽然人品不错,但做事情缺乏自己的见地,往往是别人说什么就做什么,这样的人是很难成就大事的。"

甲认为乙说的有一定的道理,但是还是不服气:"唐僧除了念经什么都不会,而且还给自己的下属带来了那么多的麻烦,唐僧是不是应该提高自己的技术?"乙说:"这个没有太大必要,唐僧的责任在于通过一定的方式让徒弟按照自己的意愿行事,其专业就是念好经,如果自己也去学习变化的技术,即使真正能够学成,最后也会导致自己不能将经念好,不但其他的专业没有精通,而且将自己的专业也荒废。"甲还是不服气："为什么唐僧最后被授予的光环最大？"乙说："这非常好理解，由于唐僧是师徒四人的核心，在取经途中所承担的责任最大，唐僧担负着管理好三个徒弟的重要责任，其他的徒弟渎职后都要受到唐僧的制裁，从而保证任务顺利完成，但如果唐僧渎职，就会使得取经任务无法完成，唐僧是接受了皇帝的敬酒之后领命完成这样一个艰巨的使命的，所以唐僧在取经途中的心情是最为沉重的，唐僧担负的责任如此重大，在取经成功之后自然应该得到最高的封赏。"甲终于心服口服。

《西游记》中的师徒四人各自的特点非常鲜明，在唐僧的领导下，四个人通过强力配合最终实现了取经的神圣责任。朋友乙的论述没有错误，虽然唐僧没有强大的技能去对抗妖魔鬼怪，但是他懂得让徒弟以自己为核心完成取经的重要使命，在遇到艰难险阻时让徒弟排除困难。不仅如此，经过长时间的密切配合，徒弟们已经不是"推一下动一下"地被动工作，而是学会了主动工作。在唐僧被妖怪抓走后，每每都是孙悟空成功地将师傅救出，这中间孙悟空并没有受到唐僧的督促，而是靠着自己与唐僧长时间的工作默契而悟出来的与师傅进行默契配合的工作方法，这说明孙悟空学会了用唐僧的思考方法思考问题。孙悟空虽然没有可能成为唐僧的接班人，但已经在事实上成为了唐僧的得力助手，孙悟空不仅是唐僧的忠实员工，而且还以大师兄的身份分担了师傅对两个徒弟的部分管理职能，这当然会使唐僧非常满意。

师徒取经过程中不仅体现了很好的团队合作意识，而且还再现了管理者如何处理团队中出现的矛盾的技巧。唐僧为人耿直忠于佛门，逢神拜神，逢佛拜佛，虔诚的目的在于成功取经，唐僧是师徒四人的核心，在四个人中所起的作用最大。三个徒弟每个人都有自己的脾气，这需要唐僧对三个徒弟进行充分认识并对其进行疏导。孙悟空为人刚直、桀骜不驯，但专业技术水平很高，在自己受到不公正待遇的时候喜欢讲道理。孙悟空刚烈的性情本身是取经团队默契合作的宝贵元素，在唐僧的正确引导下孙悟空对团队的贡献是最大的，当然最后佛祖也给了其公正的报酬。猪八戒经常造谣诽谤、恶人先告状、贪小便宜、贪吃贪睡，但他性情温和、心直口快、忠心、能接受批评，因此，虽然不能将重大事情托付给他，但让他担当协调人际关系、指出他人过失的职责还是可以考虑的。沙和尚唯唯诺诺、任劳任怨，虽然在三个徒弟中武艺最差，但为人正直，一些重要事情可以相托。唐僧是通过长时间与三个徒弟的接触才充分认识他们各自的特点的。

只有充分认识这三个徒弟，才能够合理利用人才，在这方面唐僧具有义不容辞的责任。唐僧需要在观音授予的权力基础上对三个徒弟的"恶劣"品行进行约束，并充分发扬其优秀的方面，充分尊重孙悟空的选择，并且委任其重要职责，帮助自己管理其他两位徒弟，就可以很好地激发孙悟空的工作积极性，从而让孙悟空分担一些自己的管理职能，这会在很大程度上减轻自己的工作负担，同时在其他的两个徒弟中也可以树立孙悟空的威信，这也为以后佛祖对各自的封赏奠定了依据。唐僧在此间起着维持秩序的作用，虽然自己没有火眼金睛，也不会腾云驾雾，但是由于学会了让徒弟们按照取经的意愿行为各自本事的方法，就能够使性格不同、嗜好有差异、存在不同程度私心的每个人都以大局为重，暂时让渡各自的小利益，而将全部精力转移到组织的大利益上来，推进组织快速发展，每个人都能够从组织的发展中获益。

管理者是一个组织的核心，是组织发展的掌舵人，组织的生存发展、兴衰存亡在很大程度上取决于管理的决策。管理者的重要责任在于审时度势，并及时把握环境变化，善于把握时机并具有尝试风险的胆略。为了使组织成员能够按部就班地做好自己的本职工作，管理者需要在组织内部制定相对完善和科学的管理制度，依托这样的制度对组织成员进行很好的激励和约束。制度是管理者的思想得以贯彻和实施的重要保证。管理者不能墨守成规，需要为组织的发展不断探索新道路，所以管理者需要是一个创新者和改革者，敢于探索未知。管理者应该具有很好的协调能力，能够协调组织各部门之间的关系，使得各部门紧密配合完成工作，推动组织不断发展。组织中各部门、各成员的工作成绩在很大程度上凝聚了管理者的血汗。当组织中的管理者垮下来后，组织的发展就失去了精神。因此，组织的管理者不仅是组织的发展方向还是组织的凝聚力，没有了管理者就没有了组织。组织的管理者在某种程度上较组织成员更加重要。

管理者并非全能："有缺陷"的墙壁

　　为了提升城市形象，某城市打算建设一座比较像样的大型影院，施工队严格按照设计师的图纸精心施工。即将竣工的时候，市长一行人到影院来检查。市长对影院的外观和结构等大加赞扬，表示非常满意。查看了外面的情况后，市长又走到了影院的里面，这时不禁皱起了眉头。因为市长发现影院的内部墙壁凹凸不平，在很大程度上影响了影院的美观，便找来施工队队长并大骂其不负责任。施工队队长非常委屈，正要争辩说自己就是按照设计图纸精心施工的时候，看到市长旁边的随从对其使眼色，示意其不要反驳，施工队队长只好忍气吞声。市长在责骂施工队队长的同时也含沙射影地对设计师进行了数落。

　　事后，负责相关事宜的领导责令施工队对影院的墙壁进行了平整，一场风波就此结束。过了一段时间后，影院如期竣工，当天晚上特意放映了一个非常精彩的影片让大家免费观看。走进影院，观众感觉非常舒适，连连夸赞市长为老百姓做了一件好事。但是电影刚放映就出现了问题，影院里面的回音使得观众根本听不清楚电影中对白的声音，满影院的观众由于无法忍受这噪音而纷纷逃出影院。影院花费了巨资却不能正常播放电影。市里对这件事情非常重视，集合了各方面的专家对影院的问题进行会诊。专家一致认为是由于影院的墙壁太光滑，声音碰到光滑的墙壁就会反复反射多次，这会造成满影院的声音乱哄哄，如果墙壁多一些凹凸，声音就会在最短的时间内被粗糙的墙壁吸收而不会在墙壁间进行多次反射，这样就可以解决影院里面声音嘈杂的问题。市长原以为墙壁的凹凸不平是墙壁的缺陷，但哪知道这是设计师的匠心独运。市长本来也是出于好意，但是由于不明白建筑设计的专业问题而弄巧成拙。

市长管理以这个城市的发展为目的,主要考虑的是宏观设计的问题。对于一个具体的建筑而言,市长所需要做的就是给建筑筹措资金,选择建筑的坐落区位、建筑物本身的规模等等,至于这个建筑本身的结构问题,如果市长本身是出身建筑专业的,则对于建筑的具体问题就有些发言权,但即使是这样,作为市长,其在建筑设计层面的专业水准也很难与多年从事建设施工的专业设计师相匹敌。市长所能够评价的仅仅限于该建筑的外观是否优美,但终究是门外汉。外行看热闹,内行看门道。市长不具备建筑设计方面的专业知识,单凭自己的感官认识而不是从建筑本身的功能设计层面考虑问题,其对下属的发号施令就等于是瞎指挥。

市长的指示不能不执行,但执行以后又陷入尴尬的境地。这种结局不是任何人都能够预先想到的。这就是典型的外行领导内行,如果不出岔子那是偶然,出了岔子才是正常的。墙壁在外观看上去好像是有缺陷,但正是设计师精心设计出的这种"缺陷"才能使影院的功能完好无损。在市长的导演下,影院表面上看上去似乎没有缺陷了,但这样的过失使得影院无法履行其正常的功能,表面上无缺陷的影院实际上包含了巨大的缺陷,而这个缺陷只有当启用影院后才能够显现出来。

多向自己的下属学习,三思而后行,才能够得出正确的结论,下属做起工作来都感到心情舒畅。可以想象,在施工队队长遭到市长狗血喷头的责骂后,其心情会异常糟糕。

管理者不一定较下属更加优秀,管理者的重要责任在于管理,而不在于直接插手于具体的业务中。一个外行人去管理一个内行人,出岔子的机会就太多了。因此,管理者在不十分精通某方面专业技术的情况下,不要插手具体的工作事务,否则只会越管越糟。管理者与被管理者之间进行必要的沟通才能够提高做事的效率,这需要管理者虚心向自己的下属求教。在"孙悟空三打白骨精"中就体现出了这样的道理。在这段戏中白骨精有三次变化:年轻姑娘、老大娘和老先生,每次变化都逃不过孙悟空的眼睛，于是白骨精的三个化身最终都成为了金箍棒下的死鬼，尤其使人印象深刻的是孙悟空打死老先生这场戏，如果您稍微回忆一下就可以想起孙悟空是在唐僧念着紧箍咒的情况下将老先生打死的。唐僧始终认为自己的判断是正确的。唐僧作为管理者十分不愿意改变自己已经做出的决定，唐僧没有丝毫"讨教"孙悟空以弄清事情原委的愿望。其中有一个很重要的原因就是传统的中国管理文化在作怪，即师傅一定比徒弟更加贤明，同时孙悟空也觉得他所看到的事情给师傅做解释也不容易讲清楚，因为他有火眼金睛（专业技术）而师傅没有。这说明在管理者与被管理者之间要达到一种充分的信息沟通还需要非常高昂的成本，但是为了使得一个组织效率提高，管理者与被管理者之间必须建立比较有效的信息沟通，管理者应该理智地认识到自己并非全能。

效仿有度：盲从的穴鸟

　　老鹰有锋利的爪，凭借这样的利爪每每可以在大草原上抓到如意的美味。尤其是老鹰向下俯冲的姿势让人们感觉到力量。老鹰用尽力气向下一个俯冲，将利爪深深地抓在小绵羊的身上，然后腾空而起一直飞到悬崖峭壁上，慢慢地享用着自己的劳动成果。穴鸟看到这个场景，也学着老鹰的动作俯冲到绵羊的身上，也想像老鹰一样腾空而起将绵羊带到很高的地方享受美味。但是没有想到却被绵羊毛所缠，爪子一时不能挣脱。牧羊人看到了，就连忙跑过去将穴鸟从羊毛上取出来，拿回家作为孩子们的玩物，牧羊人对孩子们说："这种鸟叫做穴鸟，它还以为自己是老鹰，学着老鹰的样子抓咱家的绵羊。"

　　据说，穴鸟是从一而终的鸟，一旦结为夫妻后就会彼此间相互体贴，相互照顾，直到老去。尤其是雄鸟表现得更为出色，雄鸟一生都会将捉到的好食物给雌鸟吃。雌鸟对雄鸟的照顾也是体贴备至，雌鸟会不时地替雄鸟梳理羽毛。穴鸟虽然在人品上没有可以挑剔之处的，但在抓绵羊问题上却犯了重大错误。没有对自己的实力进行正确估计，鲁莽行事，导致最后的悲惨结局。

　　穴鸟虽然在个人品行上非常好，但这一点并不能说明它们在其他方面也非常优秀。穴鸟盲目地效仿老鹰很不明智，老鹰有尖利的爪而穴鸟没有。没有清楚地了解自己就盲目地效仿老鹰的，结果是不但没有抓住小羊，反而被羊毛缠住并且成为猎人的玩物。

企业管理中也不能盲目效仿，要充分分析自己的实际情况后辩证地吸收其他企业的成功经验，才能够使企业获得长效发展。企业所处内外环境不同，管理者在管理中采取的具体对策也应该有差异，盲目地复制成功企业的经验可能成功也可能受损，加上管理者本身运筹帷幄的能力有差异，这会导致盲目效仿其他企业成功经验的做法败多胜少。一项调查结果显示，国内的创业企业每 100 家中大概有 30 家能够熬过 1 年，能够熬过 3 年的企业只占这个数字的 1/3。原因就在于这些新成长起来的企业都是盲目效仿其他成功企业的做法，结果企业出生得很快，灭亡得更快。不同企业成长的宏观环境虽然大体一致，但微观环境有很大差异，这需要管理者根据时刻变化的环境对具体的管理对策做出调整。这些新创业的企业老板往往在这方面做得很不够，只是希望能不动脑筋地复制别人的经验，结果导致经营失败。

记得小时候我帮妈妈一起捏饺子，看看妈妈做饺子的样子很简单：擀饺子皮的动作非常利索，一手拿着面团一手拿着擀面杖，擀面杖在面团上飞快地来回滚动，顷刻间一个面团就变成了厚薄均匀、大小适度的饺子皮了。于是我也照着妈妈的样子开始擀饺子皮，刚一开始做就想像妈妈那样飞快，但事情并不像我想得那样容易。擀面杖并不听我的使唤，不时地擀在自己的手上，而且擀出的面片厚薄不均匀。妈妈擀面片的整个过程就呈现在我眼前，但我还是不能一下子做好。这是一件非常简单的事情，做起来都那么不容易，况且企业管理是件非常复杂的事情，做起来就更加不容易。

与该故事类似，有一只愚蠢的山羊想偷吃农家果园中的鲜果，看到长颈鹿那样休闲、惬意地从高大的树冠上采摘果实享用，非常眼馋。随着太阳的升起，山羊的影子被斜照在大地上，显得很长很长，山羊就认为自己非常高大，与长颈鹿没有什么不同，吃树上的果子一定是自己明智的选择，于是向着果园的方向走去。但是等到中午的时候，太阳从头顶直接照射下来，它的影子变得非常短小，山羊开始认识到凭自己的身材是不能吃到树上的果实的,并决定返回。但是等到太阳开始西斜的时候,山羊的影子又开始变长,山羊看到自己高大的影子后想到,原来自己的影子并不是像刚才看到的那样短小,我还是非常高大的,吃上果子是一点问题也没有的。故事的结局自然很清楚,山羊不可能吃上果实,因为山羊并不具备长颈鹿的素质。盲目地效仿长颈鹿并且以自己虚幻的影子为依据给自己做出不科学的判断是导致错误的根本原因。

盲目地效仿他人的根本原因是没有清楚地认识自己,往往是对自己的能力高估所致。人们认识事物时往往会由于认准一个死理而造成思维定势,从而不能从客观实际出发对自己的情况做出科学的判断。老师在黑板上画出 A、B、C 三条线,在旁边又画上了另外的一条 X 线,从外观上一看就非常清楚地知道 X 线与 B 线一样长。但在一个十人试验中,老师让其中的九个人当"托",老师问这十个人在 A、B、C 中的哪条线与 X 线一样长,这九个"托"说是 A,在"托"的影响下,被测试人也会非常怀疑自己的判断,本来还想说是 B,这下子也对自己的判断表示茫然了。被测试者具有盲目从众的心理,自己并不过多地思考做出符合实际的判断,看到别人怎样做马上就效仿,尤其是在很多人开始采取一个同样的行动的时候,自己就会更加不能抵制其诱惑,从而使自己迷失了方向。做任何事情都需要从实际情况出发量力而行,要了解自己的能力,有方向地去发展,在看见他人名利双收时就照葫芦画瓢会导致得不偿失。

第 **5** 部分　**铮铮铁骨辅以柔情:**

协调管理

协调是管理的另一个非常重要的职能。它指企业内部的一切工作配合得恰如其分,各部分的资源能够高效配合并保障企业的各项职能顺利完成。协调是在管理者的管理之下使组织内部的各部分紧密配合、相得益彰的过程。在组织发展中由于存在利益纠葛,不免会出现派系,各派系各自为政,造成相互矛盾。尽量减少这些矛盾就成为管理者的重要职能之一,管理者需要通过各种有效的沟通手段减少这些矛盾,并使组织高效发展。

协调在组织管理中发挥着重要作用。首先,协调可以使组织目标与个人目标相一致。在组织发展中有时为了组织发展的整体进步需要员工个人利益的让渡,这时组织的发展就与员工个人的发展产生了矛盾,只有协调好两者之间的关系才能保证组织高效发展。其次,协调能够解决组织内部的冲突。组织发展中有时会因利益纠葛或看待问题的观点不一致等原因在各职能部门间或者组织的成员间产生冲突。通过管理者的协调将对抗性的冲突转化为建设性的冲突,保证组织发展沿着正常轨道进行。再者,协调可以树立管理者权威。管理者在协调中充分展示自己的工作能力。协调总体说来可以分为对企业内部和外部两个方面的协调。前者包括对物的协调和对人的协调,后者包括企业与消费者、社会等多方面关系的协调。

人尽其才：子发重用神偷

据史书记载，楚将子发非常喜欢结交具有一技之长的人。他广交天下有识之士，并将这些人招揽到自己的门下并施以优厚的俸禄相待。子发的这些朋友往往能够在非常关键的时候救子发于水火。子发的朋友中有一个号称"神偷"的人，这个人虽然名声不好，但子发却将之奉为上宾。有一次齐国进犯楚国，经过几次战斗，楚国都以失败而告终。子发为此一筹莫展，正在无计可施之际，神偷向子发请战。神偷打算发挥其神偷的优势，用心理战的方式击退齐国的军队。当天晚上，神偷将齐军主帅的睡帐偷了出来。第二天在交战的时候，子发派人将睡帐交还齐军，谎称这睡帐是士兵在砍柴时捡到的。随后神偷又连续将齐军主帅的枕头、发簪等偷到楚军，子发派使者分别交还给齐军。齐军为此感到恐慌，齐军主帅下令火速退兵，因为军中普遍认为，如果再不退兵，下一步丢失的就应该是主帅的头颅了。在数次战败的情况下，楚军最后经过神偷的努力而没费一兵一卒就达到了击退齐军的目的。

神偷的技术无论有多高明，还是与贼联系在一起的。但是子发并不介意这些，广交天下朋友并且在非常紧要的关头派上用场，这就是子发的聪明之处。子发作为楚国的大将，具有各方面的权力，尤其在军中的用人方面具有至高无上的权力。但是如果只是拥有这些权力而不会充分利用，就不会在自己的麾下网罗更多的优秀人才。子发非常清楚自己的权力并且会利用这些权力，与各色人等都能够很好地相处,正是使子发功成名就的重要原因。一个组织需要由各种各样的人才构成,管理者的责任在于能够有效地将各种类型的人才组织在一起,并且让各种人才在组织中充分发挥作用。

一个团队的发展需要各方面的人才,这些人才需要紧密合作才能使得整个组织有条不紊地发展。即使再逊色的人也会有自己的长处,管理者的责任就在于能够慧眼识才并充分利用这些员工的长处,让不同的员工适合其胜任的工作,在委派员工任务时做到人岗匹配,避免出现人才浪费。人们印象中比较逊色的员工往往会在组织危难的时候使得组织转危为安。管理者要想将各色人等纳入自己的麾下以备不时之需,就需要管理者具有宽广的胸怀及容纳不同品质的员工的气度。

管理者在选择下属时一定要按照组织的发展要求配置员工,不能过多地掺杂个人的好恶。组织的成员中,有些很可能只是非常一般的员工,但这些员工往往会在自己最为危难的时候成为组织进步的干将。如果管理者没有容人的气度,就不能在自己手下聚集各色人才。就像故事中的神偷一样,很难想象军营中能够用到具有偷窃技巧的战士,但是神偷高超的偷盗技术在很大程度上震慑了敌军的心理,使得齐军不战而退。偷本身并不是目的,通过将偷来的东西还给被偷者从而使齐军造成很大的恐慌才是目的。子发利用神偷的偷盗技艺改变了战况,这也许是在子发结交神偷之始所没有预料到的。

管理者不一定是技术专家,但一定要懂得让下属为组织努力工作的技巧。只有能够充分借助员工的力量展示自己威力的管理者才是合格的管理者。无独有偶,《水浒传》中的时迁偷盗成性,偷盗成为其高超的绝技,本来偷盗为人所不齿,但是水泊梁山正是利用了时迁过硬的轻功而让其在很多重大事情中发挥了重要的作用,如在盗取金枪将徐宁的铠甲的过程中,时迁所扮演的角色是任何人不能替代的,时迁由于自己的独门绝技在梁山发挥得淋漓尽致而被重用。

同样,在一个班级中往往会有一些调皮捣蛋的学生,聪明的老师会对这些学生委以班干部的重任，让这些学生感觉到不但老师没有歧视他们而且在班中非常有面子，这些学生开始对自己的不良行为进行收敛，不但原来扰乱其他同学学习的情况不存在了，而且自己的成绩也飞速地赶了上来，有些天资较好的学生还可能在以后的发展中大有出息。在战争年代，我军抓到了俘虏并不是马上枪毙，而是对他们做思想工作，让这些人倒戈投降，并且极力争取这些人重新回到敌人的阵营当中去，这些人由于改变了信念，不但不再是我们的敌人，反而成为我军插入敌人心脏中的一把尖刀。

神偷得以重用是由于子发的管理技巧，现实生活中的管理者也要做到善于发现、发掘、发挥下属的一技之长。用人不当事倍功半，用人得当事半功倍，这是企业家的用人之道。可以将神偷的概念拓展一下，神偷代表了组织中的具有劣迹的成员，比如刑满释放的人员，虽然这些人在某一方面会给人不好的印象，但是这样的员工在其他方面可能会很出色。管理者在用人的过程中一定要做到用其所长，充分发挥该员工的优势。

读懂下属：顽童的后半句话

一名主持人在采访一个小孩，问小孩长大后的理想是什么。小孩说："我的理想是当一名飞行员，这样我就可以整天在蔚蓝的天空中翱翔了。"主持人接着又问这个小孩："在蔚蓝的天空中翱翔确实是件非常美好的事情，不但可以实现你自己的愿望，而且可以将你的个人兴趣与自己的事业结合起来。可是整天在蔚蓝的天空中飞来飞去也会有出现意外的时候，如果你的飞机有一天飞到太平洋上时突然引擎熄火了，你怎么办？"小孩从来没有想过这样的事情，在小孩的意识中，飞机在天空中飞翔就像汽车在地面上奔跑一样，这个问题对于小孩确实有些难。小孩想了一会说："我先告诉坐在飞机上的人系好安全带，然后我打开降落伞跳下去。"现场所有的观众都笑得合不拢嘴，认为小孩的回答过于幽默。主持人继续等待这个小孩是否还有话可说，只见这个小孩两行热泪夺眶而出，这时主持人和所有观众开始意识到自己的狂笑有些过火，小孩认为自己受到了侮辱。主持人接着问这个小孩为什么要这样做。小孩的回答让在座的所有人感觉到了一个孩子的真诚："我是要去拿燃料，我还会回来的。"小孩的回答让在座的所有人都笑不出来了，所有人都觉得自己笑得太早了。

小孩说完其前半句话之后，在场的观众狂笑不止，是因为这样的话出自小孩之口当然会觉得小孩非常天真，也觉得小孩与成人一样自私：在飞机出现状况时首先想到的是自保，将所有的乘客都扔在危险之中。观众的狂笑实际上是讥笑。在观众的狂笑之后小孩似乎也感觉到了什么,所以才流下了两行热泪,这实际上是委屈的泪水。观众在小孩说完全部的话后,寂静无声,这实际上已经表明了观众对自己笑得过早的自责。小孩的话还没有说完,观众就报以讥讽的笑声,以致这种笑声让一颗幼小稚嫩的心灵饱受委屈。

观众实际上并没有理解小孩的全部意思,而这只有在小孩说完话之后才能够理解。观众恰恰是在小孩还没有说完之前就做了故事中的事情,犯了很重要的错误。在小孩说完话之后,观众的心情肯定与爆笑时的心情有很大的不同,因为从小孩最后的天真回答中感觉到了小孩的责任心和天真无邪。观众还没有听完小孩的话就事先做出错误结论,这导致了小孩被误解。如果小孩没有说后半句的权利,则会导致小孩被误解一生。

在一个组织中,管理者能够听懂下属的话是管理者与被管理者之间进行有效合作的基础。管理者与被管理者之间由于权力和地位的不对等,管理者很可能习惯性地用自己的权威打断下属的语言,凭借自己的经验来评判下属的下半句话。由于管理者对被管理者的理解不完全,往往会得出错误的结论。

在这种情况下,下属就会被误解,就像故事中的小孩被误解一样。由于下属总是被管理者误解,并且管理者没有更多的耐心听下属的完整观点,下属就会感觉到自己的人格受到了侮辱,对管理者说话的积极性就会被严重打消。下属可能认为自己说话越多,就会越多地被上级误解,多说话不如少说话好,少说话不如不说话好。当所有的下属都持有这样的心态时,下属向管理者进行信息反馈的机制就会被破坏,这样的管理者也就成了孤家寡人。管理者不让下属全面地表达思想,也可以理解为管理者通过不合理的管理方式管住了被管理者的嘴。下属进而就会认为这是管理者不让自己表达思想,在对管理者的意图心领神会后,就会长期对管理者退避三舍。在没有被管理者辅佐的情况下,管理者的管理就成了"睁眼瞎"管理。

听半句话就对说话人的意思发表评论,实际上就是断章取义。既然说话人有能力将话全部说完,就不应该打断说话人正在说的话。对说话人未说完的话进行逻辑推理所得出的结论远远不如听说话人将话全部说完得出的结论那样正确。管理者不需要在被管理者面前过分显示自己的推理能力。当然,为了减少管理者对被管理者的误解,被管理者也需要在说话的过程中讲技巧。

　　例如有一位老总非常性急,在下属给自己汇报工作时总是希望下属用最简单的话表述最全面的内容,于是该老总吩咐自己的下属在向自己汇报工作时只讲三句话:第一句话说要表达的结论;第二句话是自己认为出现相关事情的原因;第三句话是谈自己处理相关事情的想法。事实表明,主管这样让员工处理问题非常有效,不但节约了自己的工作时间,而且让员工锻炼了表达能力。在如此短的时间内要表达出想要表达的意思,就需要员工掌握很好的语言表达技巧。优秀的员工为了不让管理者对自己的思想产生误解,在表达思想时就不要说话"大喘气",就像故事中的小孩一样,虽然观众有错误,但小孩也要反省自己的说话方式。

责任维系组织存在：半壶水的看护

波涛汹涌的大海上，轮船不幸失事。大副与其他九位幸存的船员逃上了一只救生艇，很多天过去了还是看不到一线生还的希望。大副守着慌忙逃上救生艇时仅有的半壶水，不允许其他任何人碰一下，壶中的水只能给最需要的人。所有的人中只有大副手中持有一把枪。大副非常清楚，在这样一个艰难的时刻，有了水就意味着能够继续坚持下去，并且有可能等到救生船的到来。但是其他人都在虎视眈眈地觊觎这样一点微不足道的水，大有一口将其喝个一干二净的愿望。其他的船员中有一个身材非常彪悍，想把大副手中的水抢夺过来。当这个彪形大汉向大副扑过来时，大副的枪指向了他的胸膛，这个彪形大汉终于退了下去。为了保护这半壶水，大副已经有三天三夜没有合眼了，他告诉自己一定要挺住，否则彪形大汉等人会非常鲁莽地掠夺水并将其他的船员推向死亡的边缘。但是由于劳累、干渴以及困倦，大副已经无法再继续坚持下去了。在惶急中，大副将枪和水都一并交给了彪形大汉，并告诉他："接替我。"然后疲惫的身躯一下子栽倒了。一晃十几个小时过去了，当太阳缓缓升起的时候，大副醒了过来，恍惚间听见身边有一个沙哑的声音对自己说："来，喝口水吧。"大副能够辨认清楚，这是彪形大汉在说话。大副疑惑地看着彪形大汉，只见彪形大汉一只手紧握着水壶，另外一只手紧握着大副交给他的枪，枪正紧紧地对着其他的像疯子一样打算抢夺水壶的船员。彪形大汉这时已经身心疲惫，只是强打起精神对大副说："你不是说过让我接替你吗？"大副望着彪形大汉，会心地微笑了。在大副和彪形大汉的坚持下，所有人终于等来了救生船，大家都脱离了危险。

大副为了节省饮用这使得所有船员生命得以延续的半壶水,殚精竭虑地对其进行保护。如果手中没有枪,可能水早已经被彪形大汉夺去并喝了个精光。守住这半壶水就是大副的职责。在这种生死攸关的时刻,任何一个船员出于求生的本能都要争夺水,谁能够占有水就意味着能够存活更长的时间。但是大副的责任不是让某一个人活下去,而是保证所有的船员都能够活下去,所以只能将水分配给最需要的人。但是单凭个人的能力保护水是不太现实的,在紧要关头,大副将保护水的神圣责任交给了身边的彪形大汉,在大副醒来的时候,彪形大汉用沙哑的声音喊大副喝水。彪形大汉在接过大副交给其的神圣职责之后,自己没有喝上一点水,因为他接过大副手中的枪的时候已经感觉到了肩上的重担,马上就能够体会到大副手握短枪对准自己胸膛时候的那种感情。

如果某个人希望将这仅有的一点水据为己有,实际上就是在剥夺别人的生命。越是在非常危难的时候,越能够体现出人的本性。大副在开始时怀疑彪形大汉,到醒来时对彪形大汉的工作非常满意,这样一个巨大的转变不在于彪形大汉的良心发现,而在于大副将责任传承给了彪形大汉。肩负神圣责任的彪形大汉与抢水喝的彪形大汉的思维基础发生了很大的变化:前者是为大家活,后者是为自己活。彪形大汉继承了大副的衣钵就要按照大副的思想办事,大副的目的是为了所有船员生存,彪形大汉的目的自然也就应该是这样。

原本以为不能很好地履行职责的彪形大汉却将工作做得很好。因此,大副应该相信自己的手下能够很好地完成自己的任务,并且敢于和善于找到自己的接班人。总是将权柄掌握在自己手中不敢放开,不但自己会精疲力竭,而且还会在下属之间形成强烈的纷争。只有将责任赋予某个员工的时候,这个员工才会从全局方面考虑问题。俗话说:"屁股坐在哪里就在哪里考虑问题,屁股的位置决定了人们的思路。"故事中的彪形大汉也不外如是,没有承接大副的责任的时候与承接大副的责任以后考虑问题的方式具有天壤之别。

在组织的成长过程中，是责任和制度维系着组织的存在。通过严格有序的组织制度设计赋予每个组织成员一定的责任，让每个成员严格履行其职责。在此过程中高层管理者要懂得信任下属并敢于对下属授权，进而让下属代自己履行相应的职责，不但令组织成员因为承担责任而工作积极性提高，而且管理者自身也会因此而感到轻松。

不同的管理岗位需要承担不同的责任，没有在相应的管理岗位上的时候不知道责任的重大。当被管理者在处于管理者的位置上时就会切身体会到管理者的职责。因此，没有承担管理职责的员工在被委以相应的管理职能的时候就会恪尽职守。在组织的发展中所有的成员都有自己的角色定位，当处于被管理者的位置时就会想尽办法想出应付管理者的对策，以保证自己的利益。但是在自己处于管理者角色时就会通过各种方式来维护管理者的利益，并且会通过各种方法保证被管理者服从自己。管理者和被管理者思考问题的前提是不同的。管理者如果怀疑下属的能力，就会始终紧握着管理的权力不放，这样不但会使得自己身心疲惫，而且下属还会伺机对自己采取"措施"，造成管理者与被管理者之间的对立状态。聪明的管理者能够学会在下属中培养自己的同盟军，从而可以使更多的人能够与自己共同捍卫管理的权力，以保障组织发展有条不紊。

让别人明白自己：秀才的"之乎者也"

　　有一个秀才到街上卖柴，看到街上有很多卖柴的，对其中的一个说："荷薪者过来。"卖柴的人没有听懂秀才的话，不知道什么是"荷薪者"，但听明白了"过来"，于是就走到秀才的面前。秀才继续说："其价几许?"卖柴者又没有全部听懂秀才的话，暗自觉得这个人说话怎么这么费劲呢！但是听懂了其中"价"字，暗自估计这个人可能是在问自己所卖柴的价钱吧，于是告诉了秀才价钱。

　　秀才觉得卖柴者的价钱较高，于是想降低一些价钱，开始与卖柴者讨价还价。他对卖柴者说："汝之薪柴外实而内虚，烟多而焰少，吾请汝损价稍许。"秀才的意思是，你所卖的柴虽然表面上看起来已经很干燥了，但实际上还没有干透，这样在烧火的时候就会冒很多烟而不容易燃起旺火，因此请降低一些价钱。秀才这样说的目的非常简单，就是想通过挑毛病的办法降低薪柴的价格从而为自己省下一些钱财。但是卖柴者这次完全没有听清楚秀才的话，感觉与这位秀才说话太费劲了，于是担起柴径直走开了。秀才对卖柴者的表现非常不满，自己并没有对卖柴者不尊敬，而且说话非常谦恭，卖柴者怎么能够这样对待自己呢？卖柴者担着担子向前走还感到心中非常不平："今天卖柴真倒霉，这个人都不会说几句像样的话，这样的人怎能到市场上买东西呢?"实际上卖柴者不知道这个秀才的才学非常厚，秀才对其说话非常谦恭，并且已经在向卖柴者讨价还价，但是由于卖柴者没有听清楚秀才的话而导致一笔买卖没有做成。

秀才说话非常谦恭，并且用自己认为最为文明的语言与卖柴者交谈。秀才分明看中了卖柴者的柴所以才上前与卖柴者讨价还价，但是由于说话的方式不对路，最终导致买卖没有做成。秀才由于整天埋头诵读诗书，其思维方式以及说话方式都是"之乎者也"，以为丢掉了这些东西就完全丧失了自己的尊严，所以在面对任何人的时候都采用"之乎者也"的方法进行交流，实际上身边的这些人中有些是能够用这些方法与自己交谈的，有些则不能。

就像故事中的卖柴者一样，卖柴者的文化水平并不高，对饱读诗书的秀才的话只能听懂只言片语，最开始的话可能还听得懂，但对秀才的最后一句话就完全不能听懂了。秀才买柴本来是生活中非常普通平常的事情，但在樵夫面前还要摆弄自己的文才，以致即使用非常谦恭的语气与其交谈也不能得到樵夫的理解，这是秀才的悲哀。秀才在与樵夫进行讨价还价的过程中完全没有必要用这样文绉绉的语言。秀才说话时没有认清对象，以致犯了故事中谈及的错误。

人们说话的目的是为了让听话者听懂，所以要用与说话对象相符合的方式进行表达才可以，否则就是对牛弹琴。组织中的管理者与被管理者之间在日常接触中需要通过传递信息进行沟通，只有在双方相互理解的基础上才能达成默契的合作。为此在表达自己的思想时，双方都需要以对方能够清楚地明白自己的意思的方式给对方说明自己的思想才可以，否则双方就很难实现精诚合作。但是由于管理者的风格有差异，在对下属进行管理的过程中，总是习惯发号施令，当被管理者在日常工作中出现失误时，管理者总是习惯发脾气，怪自己的下属没有做好相应的事情。实际上很多时候不是因为下属没有按照管理者的意思办事，而是管理者没有将自己的意思表示清楚，以致被管理者按照错误的理解实践了管理者的意思，结果与管理者的思想并不相符。

管理者在向自己的下属表述其思想的时候，一定要考虑到下属的具体情况。下属的经历不同，知识水平也有很大的差异，所以管理者同样的一个思想对于不同的人而言可能会有不同的理解,有的员工可以正确地理解管理者的思想,而另外一些员工可能就不会很好地理解管理者的思想。这就会导致组织中不同成员的工作效率有很大的差异。对管理者要表述的思想,下属会在理解的深度、方向上产生差异,加以管理者与被管理者之间的地位不对等,就会使得下属不会过多地过问上级并让上级对其意思进行更加详细的解释,于是被管理者就会按照自己的理解履行管理者的指示,其间出现一些偏差就可想而知了。出现偏差的结果就不仅仅像樵夫拒绝与秀才做生意那么简单了,可能会给组织带来较大的损失,殃及的不仅仅是管理者或者被管理者自身,而是所有的组织成员。

　　让别人读懂自己不容易,但为了让别人能够按照自己的意思行事就需要管理者在思考问题的过程中费些心思。在面对不同的人群表达同样一个思想时要采取适当的方式,要充分考虑接受者的认识水平。这需要管理者有变通的思想并且具有平和的心态,不要过于招摇,需要礼贤下士并能够以谦恭的姿态面对下属,用比较亲和的口吻向被管理者表述自己的管理思想,在和言细语中让被管理者能够真正弄明白自己的想法。故事中的樵夫虽然听不懂秀才在说什么,但一定会感觉到秀才是在向自己卖弄。由于表达方式的不妥使听者产生错误的感觉是非常不必要的,这需要说话者在语言表达方式上进行锻炼。

让下属说真话：恶狼的承诺

　　一只狼在饱餐一顿之后发现有只绵羊躺在地上,狼知道这只绵羊是被刚才的血腥屠杀场面吓到了,于是走上前去用非常温和的口气告诉绵羊:"你不要害怕,只要你告诉我你的三个真实的愿望,我就会放你走。"绵羊还是胆战心惊,看见还在滴着血的狼嘴又一次晕厥过去。狼非常失望,由于自己的血腥屠杀导致自己身边一个知心人也没有,于是狼坐在绵羊的身边苦苦等待。过了好长一段时间,绵羊终于又醒了过来,看见身边伤心流泪的狼,渐渐地忘记了刚才的血腥场面。狼看见绵羊犹豫的样子,又对绵羊说:"只要你告诉我三个真实的愿望,我就会放你走。"于是绵羊振作精神后对狼说:"第一个愿望是不想遇到狼;第二个愿望是如果在路上实在不能避开狼,则那只狼一定是只瞎眼的狼;第三个愿望是我希望所有的狼都死掉。"绵羊在阐述了自己的三个愿望后又补充道:"作为绵羊,我们对狼没有任何威胁,但常常遭到狼的围剿,我们并不希望与狼共同存在。"狼听了绵羊的话后感到有些恼怒,但是感觉到绵羊确实说的是实话,自己必须履行曾经答应绵羊的诺言,于是对绵羊微微一笑径直走开了。

　　狼与绵羊之间的捕食与被捕食关系纯粹是自然界中的生物野性,但两者之间的关系在一定程度上可以延伸到企业管理中。在组织的发展中管理者对被管理者不能是血腥的捕食关系,两者之间必须紧密合作。但是不同的管理者由于自身的素质不同,就可能在管理中形成不同的管理风格:有的可能霸气多一点,有的可能体现更多的侠骨柔情;有的可能对下属深信不疑,有的可能对下属猜忌多疑;有的可能极力推举下属,有的可能百般压制下属。不同类型的管理风格在组织中形成了不同的管理氛围,从而形成组织的不同发展轨迹。就像故事中所提及的狼与绵羊之间的关系一样,绵羊已经在狼的震慑下被吓得昏厥过去,在狼面前只有恐惧,哪里还有敢于说话尤其是说真心话的勇气。

管理者对待被管理者并不需要"血腥的震慑"。管理者对组织成员中的任何一个"采取措施"都会影响其他成员的心情,就像狼捕食羊群中的某一只羊就会影响羊群中的其他成员。被管理者在管理者面前感到无奈和无助的时候采取的对策就是闭口不言、离开组织、阿谀奉承等。闭口不言的被管理者往往是那种心地善良和性情耿直的人,不愿意涉足组织的浑水中,但是由于自己的实力有限又不能抗拒来自管理者的强压,所以闭口不言就是理性选择;在不满管理者管理风格的情况下,如果有机会从该组织中撤出,就会离开这个组织从而谋求更大的发展出路;如果被管理者没有可能离开组织也没有在其他人面前可以张扬的东西,就会通过向管理者阿谀奉承的方式从管理者那里得到自己需要的东西。可以进一步假设故事中的这只绵羊为了保证自己的安全进而与狼之间达成合作,即如果绵羊能够将自己的同伴引来供狼食用,狼就可以终身保证这只绵羊的生命安全,可以想象羊群自此就会陷入万分恐慌之中,羊会不时地减少,但谁也弄不清自己同伴减少的原因。羊群中除了这只曾经昏厥的绵羊能够得到终身安全外,其他的同伴都有可能成为狼的下酒菜。组织内部成员之间于是会产生相互猜忌,每个成员都会成为其他成员猜忌的对象。曾经昏厥的绵羊在出卖同伴的同时得到了专横的狼的庇护。但这种庇护毕竟是建立在绵羊与狼之间的利用与被利用的关系基础上的。当绵羊不能履行自己的承诺的时候,狼也就会不履行自己的承诺,它还是会成为狼的下酒菜。

民主管理是相对于绝对服从权威的管理而言的,该种管理理念有助于调动下属的工作积极性,并且使下属敢于及时指出管理者存在的错误,将管理实践引向高效率状态。民主管理即管理者在"民主、公平、公开"的原则下，科学地将管理思想进行传播，协调组织各种行为达到管理目的的一种管理方法。因此，民主管理符合员工在组织中畅所欲言的心理要求或"以人为本"的管理思想。民主管理说到底是管理者所追求的是一种管理艺术，让被管理者在轻松愉悦的环境条件下接受管理，并且很好地唤醒组织成员的主体意识。民主管理强调的是群众参与下的少数人管理多数人的管理方法。民主管理需要管理者放下"官架子"，并且积极主动地走到广大员工中间去，使得管理者与被管理者之间不存在隔阂，两者都会主动地将对方视为自己的合作伙伴。

第 **6** 部分 **演戏要有生旦净末丑:**

管理风格

管理风格即管理者在对自己的下属实施管理的过程中惯于采取的方式。不同的管理者由于自己的思维习惯以及全方位素质等的不同,在管理实践中表现出不同的风格。管理者一般使用三种不同的管理风格,即专制型、民主型和放任型管理风格。勒温认为三种不同的管理风格会导致不同的团体氛围,进而引起不同的工作效率。

专制型的管理者注重工作,仅仅关心工作任务、工作效率,对团队成员不够关心,这样会导致被管理者与管理者间的心理距离较大,被管理者对管理者产生戒心和敌意,不易在管理者与被管理者之间形成团队。

与此相反,民主型管理者比较注重对成员的鼓励,有意营造民主与平等的氛围,管理者与被管理者间心理距离较近,虽然管理者没有过分关注工作的事情,但团队成员却有较强的工作动机,员工的责任心也比较强,工作效率反而比较高。

放任型的管理者实际上采用的是无政府主义的管理方式,对工作和团体成员任何一方都不重视,最终的结果是工作效率低,组织内部的人际关系淡薄。

勒温等人最初认为,民主型管理风格可能最有效。但实践表明,民主型管理风格所带来的工作绩效比专制型管理风格所带来的工作绩效要低。调查发现,现实中很少有极端型管理者,大多数管理者是介于三种管理风格间的混合型。

倾听下属：鼹鼠的话是正确的

老鹰从遥远的地方飞到了这块森林中准备定居。在众多的树木中选择了一棵高大挺拔的橡树作为自己筑巢的地方，两只老鹰准备来年夏天在这里抚养后代。长期生活在森林中的鼹鼠听到了这个消息后，壮起胆子向老鹰提出忠告："这棵大树虽然表面非常高大挺拔，但其根部几乎全部烂掉了，这棵橡树随时都有栽倒的风险，如果在这里筑巢，以后会有麻烦的。"老鹰作为森林中地位最高的大鸟，自然不会听取地位低下的鼹鼠的告诫。鼹鼠好心提出忠告，却碰了一鼻子灰，便非常生气地走了。于是老鹰开始筑巢，然后在新家中生儿育女。一天早晨，老鹰正高兴地带着早餐飞往家中，发现橡树已经倒掉并且心爱的小鹰也被砸死了。老鹰见状自然非常悲痛，后悔当初没有听取鼹鼠的忠告，仔细想一想突然明白：鼹鼠常年生活在地下，对于树根是好是坏自然了如指掌，鼹鼠的话自然是非常正确的。

老鹰总是在天空飞翔，总是以居高临下的姿态俯瞰苍生，可以代表一个组织中的高层管理者。鼹鼠常年生活在地下，默默无闻不被人知晓，可以代表组织中的普通员工。高层管理者高高在上，每天面对的都是自己的中层管理者，对于基层的事情实际上都是通过中层干部得知的，一般很少与基层员工直接接触，所以对组织中很多问题的认识并非很客观。

为了了解可能发生的问题，就需要高层管理者直接与基层员工接触，了解基层员工的心声,这些基层员工反映的问题才最可能是组织的真实情况。鼹鼠虽然生活在地下,地位低下且身微言轻,但是在橡树的树根是否已经腐烂这个问题上,鼹鼠是最有发言权的,因为鼹鼠对橡树的树根的变化情况了如指掌。如果一只燕子或者蜻蜓说橡树的树根已经腐烂,其语言就未必可信。但鼹鼠的结论完全是出于自己的实际观察,这种第一手材料应该是最值得采信的。但老鹰并不听取,这就是导致老鹰悲惨结局的原因。

老鹰在与鼹鼠的对话中表现出了刚愎自用和妄自尊大,由于自己的地位非常显赫而导致不能听进任何较自己地位低下的员工的忠告。高级管理者越过中层管理者倾听普通员工的心声,从组织的最底层收集意见和建议才能够解决实际问题。管理者要谦虚为怀,善于听取最基层员工的意见,同时调节好作为管理者的心态,充分信任下属,才能够在实际工作中少犯或不犯错误。相信老鹰在吃了这样一次亏后,以后再有相类似的决策就会较多地倾听别人的劝告,以免造成不必要的损失。

作为聪明的管理者,不是在有过挫折之后才能倾听下属的忠告,而是在损失未发生前就要对下属的忠告谨慎思考,分析下属的忠告哪些是正确的,哪些是错误的,在正确和错误之间做出选择。

老鹰将橡树作为自己赖以生存的支撑,但其根部已经腐烂,这是老鹰所不知的。这里面还有另外一层含义就是当局者迷,旁观者清。在偌大的森林中老鹰好不容易选择了这棵高大的橡树作为自己筑巢的基础,说明老鹰对这棵大树是情有独钟的。常言道,情人眼里出西施,人们在选定一个目标后就很容易被眼前的假象所迷惑,即使这个被锁定的对象有些瑕疵也会被忽略掉。这时如果有人说自己选定的对象有缺陷,不但不能听进去,而且还会觉得自己受到了侮辱,因为被人看到了自己没有看到的缺陷,所以不但不能听进去别人的意见而且还会对忠告者存在偏见。

鼹鼠本来对老鹰是好意提醒，但老鹰对鼹鼠非常不礼貌，以致通过自己的不良言行对鼹鼠造成了很大的伤害，相信老鹰在有类似的事情发生的时候，鼹鼠只会站在一旁袖手旁观。鼹鼠在看到老鹰受到不应该受到的损失的时候可能就不会再有悲悯的心情，反而认为这个顽固不化的家伙本来就应该受到这样的报应。老鹰对待他人的错误态度不仅会造成鼹鼠对老鹰失去信心，而且还会使得其他所有与鼹鼠一样想对老鹰提出忠告的人都保持沉默。老鹰虽然还是在天空中翱翔，但实际上已经成了众叛亲离的孤家寡人。

审时度势：不一样的诱敌深入

北宋名将曹玮有次打败了吐蕃军队，曹军赶着大批缴获的牛羊等物资往回走。由于牛羊等牲畜走得速度太慢，造成行军速度迟缓。而且战士在途中与牛羊等混在一起，使得军队在行军途中毫无章法。曹玮的手下建议将这些牛羊放弃，以便使行军速度快些。但是曹玮并没有采纳这一建议，只是命令按照先前的样子行进。吐蕃的探子告知自己的首领曹玮军队的情况，首领认为这是杀曹玮一个回马枪的好机会，曹玮的军队如此没有章法肯定是不堪一击的。于是逃窜了几十公里远的吐蕃军队卷土重来，从曹玮的军队后面包抄了过来。曹玮得知吐蕃的军队从后面赶了上来，更加减慢了行军的速度，等到军队到达一个相对有利的地形后，开始排兵布阵。曹玮对待吐蕃的军队非常礼貌，说："你们远道而来已经人困马乏，等你们休息片刻后就开战。"过了一会两军开战，吐蕃军队又是大败而归。曹玮对自己的下属做出如下解释："如果放弃牛羊等战利品，我们行军的速度就会很快，这样吐蕃军队就会放弃卷土重来的念头。在吐蕃军队追上我们时，如果马上开战，这时敌军的气焰很盛，我们可能会吃亏。等到敌军稍事休息后，这时其复仇的气焰稍微有所消解，而我们已经具有战胜的信心，以我们的精锐部队来对抗这些丧家之犬，我们的力量是绰绰有余的。"大家认为曹玮的话非常有道理。

战场上用兵与组织中的日常管理是一样的。面对风云变化的企业外部环境，管理者应该具备运筹帷幄的战略眼光。组织的高层管理者一定要辩证地分析自己的竞争对手，以便很好地把握自己的优势和劣势。在曹玮的下属对曹玮的决定表示不解时，曹玮并没有进行详细的解释，而是坚信自己的认识是没有错误的，只要按照自己的思路让下属去做其应该做的事情就可以了。这就是高层管理者需要的基本素质。高层管理者的诸多作为有时并不需要下属理解，尤其是在非常紧要的、机会稍纵即逝的关头更是这样。

设想在曹玮的主张没有被其下属充分理解时，曹玮就非常详细地对下属进行解释，并寻求所有下属的理解和支持，当所有的下属已经能够理解曹玮的看法并打算协助曹玮时，可能很好的机会已经错过。因此，这时的曹玮无需进行解释，只需按照自己的部署吩咐下属做其应该做的事情，等到紧急的情况结束后再对大家进行详细的解释，征求大家的理解和支持就可以了。相信曹玮的下属不会在这件事情上将曹玮理解为一个独断专行的家伙，在以后的工作中会更加配合曹玮的工作。但曹玮之所以能够有这样准确的判断，是建立在多年征战的经验基础上的。如果曹玮没有以前的征战经验，也不会做出这样的判断。

应该说曹玮的做法在很大程度上还是有一定的危险性的，曹玮的下属非常担心，因为曹玮的决定实际上是以全军的性命为赌注的。这就要求曹玮作为管理者的素质非常高。曹玮的判断如果不是建立在充分的经验基础上，则如上的决定应该就是独断专行。当出现决策失误时，有可能造成全军覆没。

曹玮的这种做法，企业经营者是可以参考的。没有进行周密的分析就做出草率的决策注定给企业的发展带来灾难性损失。企业发展受到诸多因素的影响，就像下象棋一样，每个棋子之间的关系都是盘根错节，一招出错就会造成满盘皆输。在企业发展中有很多非常成功的案例，也有很多失败的案例。在品牌经营策略下，有些企业依托核心产品衍生出来了诸多其他产品，这些产品以核心产品为依托在市场上马上具有了名气，产品的经营方式是成功的。

但也有些产品并没有成功，在某个产品做大之后就盲目地向周边产品拓展，以致发展了很多根本不相关的产品。这些产品的诞生不但不会使得既有品牌的价值升值,反而分散了产品的发展线,从而淡化了品牌的个性,消费者不但没有更加青睐这个品牌,反而成为了这个品牌的叛逆者。因此,企业的核心管理者的决策对于企业的成长发挥着至关重要的作用,英明果断的抉择就会把握住更多的发展机会,在击败竞争对手的同时为自身谋得更加广阔的发展空间。

高明的管理者善于利用假象迷惑竞争对手。曹玮在战胜后就赶着成群的牛羊班师回朝。在对手和自己的下属眼中,曹玮非常贪小财,不会用兵,以致下属对曹玮的做法也感到非常不解,对曹玮提出了一些建设性意见。连自己的下属都对自己的做法非常不解,这说明曹玮在迷惑敌军的战术上已经出神入化。曹玮自然非常高兴,事情已经成功了一半。管理者如果认为自己的决策是正确的,就需要严格保密自己的用意。这时需要管理者具有高度权威,依托其权力对自己的下属发号施令,并且让下属认真按照自己的意志行事就能够达到预期目的。

兼听则明：无禁锢的童言

《世说新语》中记载了一则故事，大画家何澄根据这则故事绘制了一幅《陶母剪发图》。故事的大概意思是这样的：晋国有个名叫陶侃的后生，家境非常贫困，一天有一个叫陆逵的朋友造访。陶侃由于家境非常贫穷而无体面的酒菜来款待自己的这位朋友，为了能够换些银两买酒菜，陶侃的母亲情急之下就将自己的头发剪下来卖钱换酒。画面惟妙惟肖、栩栩如生，让人看了之后不禁会发出很多感慨。很多人看了之后更多的是赞扬母亲的伟大等，对陶侃的贫寒家境深表同情。这幅画被一个小孩看见后，由于小孩看问题的视角与成年人不同，马上指出了画中存在的矛盾：陶侃母亲的手上戴有金手镯，这样一个能够戴得起金手镯的人还需要剪发换酒吗？金首饰是非常值钱的，完全可以用来换酒，不必以剪发换酒表示自己的寒酸吧。

小孩的话警醒了看画的所有人，众人认为小孩的话非常有道理，陶母剪发换酒不就是为了说明自己的家境不丰厚而无钱买酒吗，但又戴着这么贵重的金手镯是怎么回事呢？为了女性的体面，画家特意在其腕上添加了一个手镯，但这样一个善意的行为就将整个画面表现的事实歪曲了。在以语言或者文字的方式流传这样一个故事的时候，听者并不能看到陶母的全貌，在听众的心中陶家应该是非常贫穷的，但是在以画卷方式表现同样一个内容的时候，画卷给人们呈现出来的是视觉效果，其中的一些细节表现就应该注意。

小孩与成人的思维方式有所不同。成人的生活阅历比较丰富，但也会形成固定的思维方式,针对一个问题往往会用惯性的思维方式考虑,当旁人对一个事物都是大加赞赏时,自己也会随声附和。在所有人都对画卷表示赞美的时候,新加入者也会对画卷表示同样的态度。观者看画卷时更多关注的是画者的笔法如何精妙,但很少关心画中的内涵,将画卷内容与其表现的原始故事内容相对照。成年人的这种思维习惯会使错误一直错下去,不会有创新或者很少有创新。小孩考虑问题时就不会有太多顾忌,不会盲目崇拜名人,也不会按照成人的思维方式思考问题,小孩并不懂得画家的笔法如何精湛,其看问题的视角是:画中人物是否符合常理。由于其思维方式不会受任何束缚,所以看问题的结论就会别出心裁。

成年人总是以自己的阅历丰富而自居,在年轻人面前宣讲"嘴上无毛,办事不牢"的古训。但是年轻人有其优势:认识事物独辟蹊径,不拘泥于条条框框。这种具有新见解的思维方式才能推动社会的发展。精力充沛的年轻人与富有经验的老年人只有在工作中相互取长补短才能够使一个组织取得长足进步。年长者不要常以自己的资深阅历而自居,年轻人也不要以自己的优势而抹杀年长者曾经的付出。在一个组织中,下属对上级的态度一般都是服从和赞同,下属往往不会以直接的冲突或者以自己的损失而换取组织的成长。管理者长期沐浴在这样的氛围中往往就会失去理智,就像"皇帝的新装"一样,在自己都已经做出如此丑陋的事情的时候还全然未知。

管理者经常与自己身边的"心腹"打交道,这些人也都是经济人,在重要问题面前求得自保是情理之中的事情。"兼听则明,偏信则暗"应该是管理者施政的重要信条,管理者需要多听一些来自不同层面的声音。这首先需要管理者有一个民主行事的心态。兼听则明能使管理者准确判断自己的行为是否符合常理,但需要管理者付出更多的心血,花费更多的精力去做这件事情。很多时候管理者为了减轻自己的工作负担往往倾向于"偏信则暗",在这种行为方式下,管理者虽然得到了某些组织成员的认可,但这部分人也许是组织中的极少数人,组织中的绝大多数人会对管理者的行为持否定态度。在没有代表组织中的绝大多数人的利益的时候，管理者的施政就会被认为是"亵渎制度"。

虽然表面上组织成员还是对管理者唯唯诺诺，但实际上在组织成员中已经开始分派系。被冷落的组织成员会自觉地远离管理者，在组织的发展中表现得比较冷漠，因为自己即使对组织的发展作出了贡献也不被重视。近管理者圈层与远管理者圈层的分化实际上已经开始削弱组织发展的动因，成员心理开始由奉献转变为自保。因此，适时地让下属"童言无忌"对于组织的发展是有好处的。

学会宽容：宰相肚里能撑船

　　管理者需要"宰相肚里能撑船"的宽广胸襟。宋太宗在这方面的表现非常突出。一次宋太宗与两位大臣喝酒，在兴致之中两位大臣居然比起功劳来了，两个人都认为自己对朝廷的贡献更大，并且历数自己做了哪些非常重要的事情，哪些工作得到了什么样的奖励，同时哪些工作应该得到奖励但皇上没有给予奖励，最后谁也不服谁开始斗嘴，言谈之间还有辱骂对方的意思，完全没有在意坐在一边的宋太宗。随从的侍卫都有些看不下去了，见状赶紧奏请宋太宗将两人抓起来并且送到吏部治罪。宋太宗并没有在意两位大臣的失礼，而是将宴席撤掉并派专人将两位大臣送到家中，要求相关人员一定要对两位大臣进行妥善安置并保证其安全，等将一切都安排妥当后宋太宗才离开宴席。第二天两位大臣酒醒之后恍惚间想起昨天发生的事情，万分惊恐，连忙进宫向宋太宗请罪。看到两位臣子在自己的面前战战兢兢的样子，宋太宗说："昨天我也喝了很多酒，发生了什么我已经记不起来了。"宋太宗分明没有喝醉，但在两位臣子面前特别强调自己喝醉了，并且已经记不清楚昨天发生的事情，以便让两位臣子能够安心地将全部精力投入工作。

　　宋太宗的宽广胸怀非常值得管理者学习。宋太宗拥有至高无上的权力，手下的大臣非常多，少两位这样的臣子对于宋太宗而言也不会有太多的损失，将醉酒的两个臣子治罪也是情理之中的事情。宋太宗对两位臣子的无礼表现不但没有恼怒，而是赶快结束宴席并派专门人员护送其回家，这不但体现了宋太宗对大臣的宽容而且体现了对下属的爱护。太宗这样做在下属看来好像是其丢掉了面子，但是太宗想到的并不是自己丢面子，而是要尽量保护大臣的人身安全。

侍卫更多的是从宋太宗的个人尊严方面进行考虑，这自然是一个侍卫应该做的事情，但宋太宗没有采纳其建议。宋太宗不是在任何事情上都听取下属的意见，而是有自己的主见。如果听取了侍卫的意见则两位大臣马上就会被治罪，这不是宋太宗希望看见的结果。在宋太宗眼中，大臣的利益就是自己的利益，大臣相互之间争功这是情理之中的事情，能够争功这说明其在某个方面做得比较突出，有值得自己向外炫耀之处。大臣炫耀自己的贡献并没有什么不好，关键是皇上要对大臣的贡献有合适的表示才可以。

也许在大臣相互标榜自己的功劳的同时，宋太宗想到的并不是两位大臣的不是，而是自己在工作中的不足。有这种宽容大度的皇帝不仅是臣子的福音，而且是全体百姓的福音。宋太宗的宽容并没有导致自己的身价降低，而是赢得了下属更多的尊重。正像故事中谈及的，第二天当两位醉酒的臣子回想起昨天与宋太宗吃酒失态的情景时非常害怕，赶忙向宋太宗谢罪，而宋太宗的回答却让两位臣子感到非常意外。聪明的臣子当然知道这是宋太宗对自己的庇护，虽然嘴上没有说什么，但在内心对宋太宗是非常感激的。

宋太宗非常宽容，宽容大度是管理者的美德。在市场经济条件下，组织内的员工之间的竞争非常激烈，这种激烈的竞争有可能是管理者的处事不公所引起的。管理者如果有宽容的心态就会很好地处理组织内部出现的任何事情。管理者在处理任何事情的时候虽然都会尽量做到公正，但往往也会有想不周全的事情。当下属出现失误的时候，管理者不要首先问责下属，而是充分考虑一下自己在某方面可能存在的失误，这样处理问题会更加妥当。这样做不但有利于自己的管理，而且有利于维护组织成员的利益。

学会对员工感恩：判若两人的东家

　　东家与自己的伙计到山上割草，到太阳落山的时候终于可以回家了。两个人忙碌了一天非常劳累，正高兴地走在回家的路上，不料遇上了一头熊。这头熊虎视眈眈，看样子已经好多天没有吃东西了，飞速向两人奔来。看见这种阵势，东家和伙计吓得在原地发抖，连拔腿逃跑的力气都没有了。只见这只熊首先选定了东家作为攻击的目标，一下子将东家扑倒在地上，东家无力招架，只能一边招架气势汹汹的熊，一边使尽全身力气向自己的伙计高喊"快来救我"。熊看到东家奋力挣扎的样子更加愤怒，于是张开肥大厚实的脚掌向东家扇过来，同时张开血盆大口向东家的脖子咬去。

　　看见东家的危险场面，伙计好像也从噩梦中惊醒了，赶忙握紧随身带着的一把斧头健步如飞地向熊的方向奔来，正在熊几乎要咬到东家的时候，伙计正好冲到熊的面前，举起斧头深深砍进了熊的脊背，再一斧头下去将熊的半个头砍了下来。蛮横无理的熊毙命了，东家得救了。东家从熊的血泊中站起来，仍然惊魂未定，但是看看倒在地上的熊马上就对伙计破口大骂："你看，怎么乱砍呢？好好的一张熊皮都被你糟蹋了。"伙计本以为东家站起身来会对自己千恩万谢，结果不但没有得到东家的感谢反而被骂得狗血喷头，伙计感到非常沮丧，拿起刚才砍死熊的斧头，头也不回地向前走了。

　　故事中的东家虽然由于伙计的救助才侥幸能够脱险，但得救之后想到的第一件事是熊皮被砍坏了，自己因此失去了一笔可贵的财富，完全忘却了刚才经历的危险以及在这样的危险中伙计对自己的付出。东家认为任何时候自己在伙计面前都是高高在上的，以致伙计救了自己的性命也不值得感谢。连起码的人之常情东家都不能体会到，于是伙计非常失望。在伙计的心目中，自己的东家眼中只有钱，根本就不知道对自己的恩人表示感谢。在东家的眼中，伙计救助自己是应该的，完全可以不用感谢。东家对伙计在这一次"危难救援"中是这样的态度，假设在其他的场合又出现了类似的事情，相信伙计肯定会袖手旁观的。也许伙计对东家的救助就是伙计对东家的感恩，东家收留了伙计并让伙计有了谋生的工作，伙计当然会对东家具有感恩的心情，也许伙计并不需要东家的物质奖赏，只要有一句发自内心的感谢就可以了。但就是这样一个小小的愿望东家都没有满足伙计，自己对东家的全力救助换来的却是主人的谩骂，相信伙计会感觉到太不值得了。

东家虽然是伙计的上司，但做人的基本常识还是要知道的。只有学会感恩，管理者与被管理者之间才能建立起长期友好的合作关系，被管理者才会真心实意地为管理者工作。故事中如果东家被救之后赶紧向伙计千恩万谢并且以重礼相赠。相信伙计在以后的工作中会非常卖力，在类似的事情出现时还会鼎力相助的。但是按照故事中的逻辑，如果以后又出现了类似的事情，伙计就会三思而后行了。下属在管理者的指挥下完成各项工作，虽然两者是上下级关系，但实际上也体现了下属对上级工作的支持。上级管理下属并不只是以管理者的权威对下属发号施令，还体现着上下级之间的一种情感交流。下级需要在管理者的指挥下按照管理者的意思行事，上级对下级感恩实际上就是上级对下级的工作认可，是上级对下级工作的一种最高程度的表扬。

但管理者对下属的成绩没有给予及时认可时，下属的后续工作就会受到严重影响，下属就会认为上级不通人情。不通人情的管理者只能在制度上对自己的下属进行约束，但很难做到将下属的心与自己融合在一起，不能"实现雇主与工人之间的精神变革"的管理就会事倍功半。管理者整天在被管理者面前大呼小叫，但是很难见到实质性的成果,被管理者表面上也在配合管理者工作,但实际上存在很大程度上的阳奉阴违。管理者虽然看上去是众星捧月,但实际上已经众叛亲离。尤其是在管理者真正处于危难的时候就不会有像伙计这样的员工奋不顾身地举着斧头前来救助。熊将东家压在地上而没有伙计前来搭救,就会使东家成为熊的果腹之物。只要东家学会感恩伙计,在东家有危难的时候就会有更多的伙计抡起斧头前来搭救东家,东家获救的希望就会增加很多很多。

给员工展示的机会：没有画满的句号

　　在一次学术报告会上，一位著名的企业家正在非常兴奋地做着报告，并且表示非常欢迎在座的学生能够与其探讨大家共同关注的话题，鼓励学生提出比较深入的问题。大家对这位企业家非常尊重，不好意思提出某些让其不好回答的问题，但是在企业家的鼓励下还是有学生站了起来，开始向企业家提出问题。学生 A 说："请问您在事业上如此成功的秘诀是什么?"企业家对于这个问题没有直接做出回答，而是非常从容地拿起粉笔在黑板上画了一个圈，但没有将这个圈画完整，故意留下一个缺口。企业家向同学们提问说："你们认为这是什么?"学生们的答案自然是五花八门："表示做事情要从零做起"；"代表未竟的事业"；"代表成功永无止境"。企业家说："其实，这个图形的含义非常简单，只是代表一个没有画满的句号，作为聪明的企业家，并不是要将任何事情都做完整，而是在正在做的事情上留下一个缺口，让自己的下属去完成。"企业家的解释让全场的同学感到非常意外而又无比新奇。企业家的答案如此简单，但其中的寓意又是如此丰富，这代表了高层次管理者的智慧。

　　管理实践中没有完美的管理者，管理者有时也会犯错误或者有不能处理的事情。因此，管理者不必刻意在自己的下属面前表现得很完美，这样做不但令上下级之间非常拘谨而且组织进步也会非常缓慢。管理者也要让自己的下属知道自己普通人的一面，有自己力所不能及的方面。同时即使自己能够完全处理掉的事情也要尽量留下一个缺口，让自己的下属为了弥补这个缺口而不断努力以达到让其在锻炼中不断成长的目的,对于企业发展而言这实际上就是在培养后备人才。

　　就管理者而言,缺口意味着上级对下级的分权与授权,上级对下级的信任和为下属创造做事的机会,也就是人才梯队的建设。在这个过程中,实际上就是通过为下属留下缺口,让下属感觉到组织成长的压力,而在这种压力下才能够激发所有下属的创新激情。否则,如果没有给员工留下缺口,而是自己将任何事情都做得非常圆满,久而久之,下属的精神就会懈怠,下属对任何事情都不必过分操心,因为主管领导的做法不会出任何差错或者领导总是会对任何事情大包大揽,以至不用下属去担心任何事情。上级管理者对下属的这种管理方法会酿成恶果:组织的成长完全寄托在某个人(核心领导人)身上,而一旦这个核心人物出现意外状况,其他的成员又没有充分心理准备的时候,组织就会由于核心人物的意外状况而产生“树倒猢狲散”的结果。

　　三国时期诸葛孔明的管理方法就是这样,他对蜀汉忠心耿耿,赢得了后人的尊敬,但由于事必躬亲,以至其身故加速了蜀汉的灭亡。将组织发展的希望完全寄托到某个人身上并非是非常明智的管理哲学。这也正是该企业家所谈及的“留下一个缺口”的真正内涵。

　　留下缺口的管理方法是否会对核心管理者的威信造成负面影响?留下缺口就意味着授权,即核心领导让自己的下属具有做事和进行决策的权力。在“权大位高人则重”的传统思维方式的影响下,也许核心管理层会一味地不放权,认为放权后就意味着使自己失去了尊严,这种思维方式往往会使组织发展裹足不前。记得有这样一个故事:有个渔夫由于具有一流的捕鱼技术而被称为渔王,但渔王非常苦恼,因为他的三个儿子的渔技都很平庸。渔王向邻居诉苦说:“为什么我这样手把手地将我的捕鱼技艺交给三个儿子,可儿子们的捕鱼技术竟然赶不上技术比我差的渔民的儿子呢!”。邻居听了渔王的话后,说道:“错误就在于你只对儿子们手把手地教,而没有传授给他们教训,没有给儿子们在打鱼问题上留下缺口,让他们在实践中自己去体会和总结经验。"

渔王的做法固然是出于好心，但好心往往并不能成就好的结果。在渔王的管理方式下，自己的三个儿子没有任何一个能够成为优秀的捕鱼能手。当然，邻居对渔王的善意批评还可以扭转渔王的做法，并逐渐放开自己对儿子的管理，使得儿子们逐渐成为出色的捕鱼能手。而对于一个企业的高层管理者而言，如果施行了与渔王相似的管理方式，又有谁能够或者愿意充当"邻居"的角色呢？

中国的管理文化一般比较提倡"锦上添花"，而不乐于"雪中送炭"。在管理者的管理出现问题时不会有下属直接站出来指出自己的错误，因为这样做的结果实际上是员工以个人的收益损失为代价而为更多的员工创造收益。因此，企业家所讲的"缺口"的含义还在于"组织的发展要依靠合理的制度，而不能完全依靠管理者的个人魅力"，单纯依靠管理者的个人魅力进行管理就会导致闭目塞听，组织的管理环境就会缺乏民主，进而让组织失去更多的发展机会。而依靠制度进行管理就不会发生这样的问题。组织在得大病之前就会经常吃些感冒药、发烧药而将这些小病消灭在萌芽状态，不至于由于小病未得到及时治疗使得企业病入膏肓。

以身作则：庄王何以禁欲

每个人都有欲望,为了将自己的欲望变成现实,可能会努力工作,也可能会加剧组织成员之间的竞争,而且这种竞争会由一般的良性竞争演变为恶性竞争。对于个体而言,如果在实现自己欲望的过程中无法克制自己,反倒不能成功。春秋时期的楚庄王作为春秋五霸之一,能够非常好地遏制自己的欲望,其行为方式对于现在的管理者而言具有非常好的借鉴意义。有一次,子佩在京台设宴并请楚庄王赴宴,楚庄王非常爽快地答应了。但在宴会上,子佩左等右等楚庄王,就是不见楚庄王到会。宴会后的第二天,子佩前往拜见楚庄王,问其不到宴会的原因。楚庄王说:"京台是个非常好的地方,左面长江右面黄河,面临料山和方皇之水,我是个德行非常浅薄的人,不能享受如此高层次的快乐,如果沉迷于此就会耽误国家大事,故没有赴约。"楚庄王作为一国之君能够有这样的想法,是现代人应该反思的。楚庄王能够主动克制自己的欲望,并将自己的主要精力用于创业,在任何时候都是一个管理者应该具备的精神。子佩对于楚庄王的论述非常有感想,认识到自己将宴会设置在这样一个比较奢华的地方确实有悖国君的勤俭治国之道,但是在整日操劳之余能够得到一些闲暇的快乐,这对于国君而言也是无可厚非的,所以认为楚庄王不至于这样拘谨。

子佩与楚庄王在京台宴会这件事情上具有不同的观点。楚庄王做事情比较拘谨,将其主要精力用于创业上,认为京台这个地方过于奢华进而爽约。楚庄王能够从自我做起克制享乐是非常难能可贵的。子佩的看法与楚庄王就有所差别,认为君王可以在忙碌之余寻求暂时的欢乐，在京台这样的地方享受一下君王权力范围内的奢华并不为过，所以选择这样一个非常高级别的地方宴请故旧好友。在子佩的眼中，楚庄王过于拘谨。也许有些人会认为楚庄王是在作秀，但是评价管理者是否在作秀不能从管理者的一次行为中做出评价，而是要看这位管理者是否在以后的工作中经常这样"作秀"，就像日常生活中说的："一个人做一件好事并不难，困难的是一辈子做好事不做坏事。"如果楚庄王总是用这样的原则来约束自己，则不能说楚庄王在作秀，而只能认为这是楚庄王的优秀品质。

管理者具有权力，可以凭借拥有的权力做其想做的事情。但是当管理者的行为与组织的发展目标相悖时，就会降低组织的发展效率，并且会严重损害管理者的形象。由于管理者与被管理者之间的权力不对称，被管理者一般不会向管理者直言其行为中存在的缺陷，而是通过各种方式以求自保。如果管理者喜欢享乐并且不具有创新的精神，其下属也就会投其所好，为管理者安排相对安逸的享乐机会，并且创造各种机会让管理者体会这种享乐为其带来的快感，同时会尽力通过各种方式让管理者体会到在众人面前炫耀的快乐。管理者在下属的"簇拥"下就会忘乎所以，将权力演变为自己据以享乐的工具，而不是号召下属努力工作并为下属谋福利的媒介。在这样的管理氛围下，下属就会使尽浑身解数迎合管理者。由于被管理者通过各种招数取悦管理者，管理者在高兴之余也会对被管理者格外大方，将组织的财富转移给某些下属。在这样的管理氛围中，组织停滞不前，但部分下属却能够从组织中得到一些好处，这样的组织在这样的"好"下属的经营下会变得越来越"瘦"，但组织中的这些成员会越来越"肥"，损公肥私的行为就会逐渐成为企业的文化。

管理者与被管理者之间的权力不对称，使得组织的发展氛围需要更多地依托管理者建立自我批评和自我管束的制度。由于管理者承担的组织任务繁重，组织也会给其相应的物质待遇。管理者可以拥权，并为自己谋得一些必要的利益，作为经济人而言都具有这样的机会主义心理，关键是看管理者将主要精力放在鱼肉组织既有的利益上，还是放在通过组织的高速发展而为全体成员谋得更多的利益上。不思进取的管理者往往会将着眼点放在前者。管理者在掌握权力后会面临很多的诱惑，这时其很多贪念很容易借助自己的权力之便得以实现。在无限放纵欲望的过程中很可能会使自己犯错误，以致影响组织的健康发展。

楚庄王作为一国之君，能够非常严厉地对待自己。作为高层管理者，一定要从日常工作中的点滴做起，严格约束自己，如果在一些小事情上都经常放纵自己，在大问题上就容易使感情的天平失衡。在组织的发展中，管理者不应该认为有些事情小就不严格对待，在涉及组织成员的利益时，组织中的任何一件事情都应该是大事情，因为从一些小事情上能够折射出管理者的管理思想及其管理天平的倾斜的方向。

以身作则是管理者的天职，管理者如果不能以身作则，就很难让自己的下属做到。组织中所有成员的表现实际上就是管理者的影子。管理者以身作则就是通过自己的行动在所有的员工中间树立表率作用，自己做不到的事情一定不要让自己的下属去做，管理者坚定"身教重于言教"的信念，这在很大程度上比制定严格的惩罚措施效果更好。管理者要在全体成员面前树立正面的形象，从而建立起自己的威信，首先需要管理者克制自己内在的负面人性。只有管理者首先战胜自己，才能够让组织成员看到管理者真正是在以身作则，于是组织成员就会感觉到管理者是可以亲近和信赖的，并且按照管理者的要求约束自己。如果管理者当面说一套背后做一套，组织成员也就会阳奉阴违，从而使得组织制度名存实亡。管理者能否以身作则就决定了组织的命运以及组织内成员的命运。

为君正名：晏婴为景公受过

春秋时期的晏婴作为齐景公手下的得力大臣，经常劝谏齐景公要体恤百姓。但是令晏婴非常失望的是，齐景公不但不体恤百姓，而且总是办一些扰民的事情。一次，齐景公强令百姓造大台，工程浩大，致使百姓苦不堪言。于是晏婴劝谏齐景公放弃建造大台的想法，虽然齐景公非常不情愿，但在晏婴的百般劝阻下总算是同意了。但是晏婴并不马上回家，而是到工地对干活的工人进行打骂，要求其加快工期，在一番"残忍"地对待工人之后才从工地现场离开。晏婴刚刚离开，齐景公的传令官就到了，下令停止施工并且遣散正在施工的工人。工人刚刚被晏婴骂了个狗血淋头，现在听到齐景公顺从民意的号令，欢呼雀跃，全部高高兴兴地回家了。

晏婴这样做的目的在于能够将"贤明"的光环戴在君王的头上，而自己却承担骂名。他在将君王工作过程中的失误纠正过来的同时，也使得百姓充分感受到了君王的仁义。晏婴这样做完全是为齐景公考虑，在晏婴的心中，齐景公不仅是自己的领导，晏婴已经将自己的荣辱、生命等全部融入了齐景公的生命中，不惜背上千载骂名来换取君王的英名。晏婴用心良苦，相信随着时间的延长，齐景公会明白晏婴的用意，齐景公一定会非常感激晏婴为自己所做的一切。

晏婴与齐景公之间虽然是君臣关系，但晏婴能够婉转并且非常坚定地让齐景公改变修筑大台的主意，这在一般人看来是难以想象的。常言道："伴君如伴虎。"下属一般的做法是在领导面前不求无功但求无过。晏婴如此执著地纠正齐景公的错误,说明齐景公的工作作风是能够让下属亲近的。晏婴能够非常直白地让齐景公改变自认为正确的做法,说明齐景公民主的工作作风已经取得了下属的认可,令下属敢于在自己的领导面前仗义执言。人无完人,即使再聪明的人,不管做到多高职位也总有出错的时候,但是只要有敢于在管理者面前说真心话的、不遗余力地指出管理者工作过失的人存在,管理者就会感觉到自己不是孤独者。民主的工作作风能够让所有的组织成员敢于说出自己的心里话,这样不至于管理者在犯了错误后还会沿着错误的道路前行,以致给整个组织造成巨大灾难。

下属能够指出管理者的错误,需要管理者在长期的行政管理中塑造相对民主的工作氛围,并且通过制度的方式确立下来。只有当管理者与被管理者已经形成了非常友好的协作关系的时候,下属才有这种勇气和胆识,并且在下属为管理者承担了过失责任以后,应该得到管理者的认可,这时的下属才会感觉到上司对自己的"感谢"。这种感谢不需要用物质的形式得到体现,仅管理者的一个眼神、一个表情就能够达成管理者与被管理者之间的心灵沟通,这种心电感应是管理者所需要的,也是被管理者所需要的。

赵云从万马千军中救出阿斗并交给刘备的时候,并没有希望从刘备那里得到多少物质奖赏,但希望得到刘备对自己那份衷心的认可。当刘备看着正在熟睡的阿斗的时候当然非常高兴,但在高兴之余想到了赵云:如果赵云有些闪失怎么办,如果稍微有闪失,不就让自己损失一员大将吗!想到这里,刘备一下子将孩子向地上摔去。由于赵云就站在刘备的对面,这样一位机警的大将自然不应该让孩子摔在地上,顺手接住了孩子。孩子虽然没有真正摔在地上,但赵云从刘备的举动中感到了温暖,刘备爱护自己的情感超过了爱护自己的孩子。设想以后再有这样的情况甚至较此次更为危难的情况发生,赵云一定会挺身而出,努力救刘备于水火。刘备与赵云之间的关系已经远远不能用金钱来衡量,已经达到了"士为知己者死"的效果。

管理者在选拔自己的助手的过程中，不仅需要在专业素质方面提出具体的要求，而且还要在人品方面作文章。毋庸置疑，晏婴的人品肯定是过关的。正是这种仗义执言和勇于向管理者指出错误的精神，使得齐景公与晏婴之间形成了非常好的合作关系。管理者身边"太冷清"说明下属对管理者都具有退避三舍的心理，这并不是管理者的幸福，而是不幸。只有晏婴或者更多的晏婴在管理者身边进言献策时，君王才不会变成真正的"寡人"。

第 **7** 部分　**没有规矩不成方圆:**
管理制度

制度是使组织的各项功能按部就班运行的基础。没有规矩不成方圆，没有制度或者制度不明确，组织成员就无所适从，导致的结果可能是，不该做的做了，该做的反而没做或者做得不好。员工不知道向什么方向发展，不能放开手脚做事情，组织的发展效率自然也不会高。制度设计是高层管理者的职责，合理的制度设计可以在很大程度上减轻高层管理者的工作量，并让下属各司其职且按照组织的既有规定行为。制度设计不但要合理，而且还要让下属弄明白制度的内涵。

组织制度的内容是多方面的，包括考核、奖惩、用人、育人、选拔、待遇等。现实中人们最为关心的就是分配制度和用人制度。制度设计不合理就会造成人力资源浪费，有能力且有努力做事愿望的人没有用武之地，而占着位子的人又可能没有能力将事情做好。制度不理顺就不会达到"让正确的人做正确的事"的目的，管理者每天会感觉到自己忙得团团转，但整日被一些繁琐的事情缠身，组织的发展速度终究不能得到改善。实行集思广益并鼓励组织成员进言献策的管理机制就能够很好地将这种局面改变过来。

控制管理：新版龟兔赛跑

龟兔赛跑的结果是兔子输掉，兔子觉得非常不公平，因为兔子确实比乌龟跑得快，只是兔子在途中睡了一觉而已，如果在赛跑的途中没有睡觉，乌龟绝对不能取胜，兔子在速度上具有绝对的优势。

兔子不服气，于是决定再与乌龟赛跑一次。乌龟没有办法，只好同意兔子的要求。赛跑开始后，乌龟一点底气都没有，感觉到自己肯定会输。虽然还是如此拼命地向前爬，但是等到乌龟跑到了终点后却不见兔子的影子，乌龟感到非常纳闷。正在这时，只见兔子气喘吁吁地跑了过来，说自己在情急之中跑错了路，无论怎样跑都看不见终点，只好又折了回来。这次赛跑兔子不是输在了睡觉上，而是由于自身的麻痹大意没有认准目标。

兔子还是不服气，于是又跑了第三次。这次赛跑乌龟更加没有底气。开始赛跑时乌龟还是拼命地快速向前爬，只见兔子三窜两窜就不见了踪影。乌龟觉得自己实在是没有胜利的希望了。乌龟想：这次赛跑中兔子肯定不会睡觉也不会跑错方向了，既然各种意外都不会出现了，那自己还有什么希望可以获胜呢？但是等到乌龟爬了很长时间，后发现兔子非常着急地站在前面。乌龟向前面看去发现有一条小河横在了兔子的前面，乌龟马上意识到自己的机会来了。兔子是不会游泳的，而比赛的终点就在小河的对面。乌龟爬到了兔子的前面，用不屑一顾的眼神看了一下兔子，然后缓缓地下水向对岸游了过去。兔子眼巴巴地看着乌龟超过了自己，但没有任何办法。

　　三次龟兔赛跑都以兔子的失败而告终。不能说兔子没有快速奔跑的能力,只能说兔子的失败受制于诸多变数,而这些意外因素对于兔子而言是非常不利的。第一次失败是因为马虎大意。兔子没有必要在赛跑的途中睡一觉,完全可以在跑到终点后再睡觉,只有胜券在握才能够高枕无忧,这样睡得会更加踏实。第二次失败还是因为马虎大意。兔子的奔跑能力确实远远超过乌龟,但是不能因为这一点就冲昏了头脑,以至于在比赛中不辨方向地向前猛跑。兔子虽然在奔跑中非常卖力,但由于没有履行比赛规则,致使自己仍然是输家。第三次赛跑失败的原因是赛跑的路线中出现了小河,这是兔子所没有预料到的。兔子确实不具备游泳过河的本事,这次比赛是触及到了兔子的短处,所以这次失败完全是由于客观原因所致。综合分析表明,兔子失败的原因有主观方面的,也有客观方面的。主观方面的原因可以通过个人的努力得到克服,客观方面的原因却不能通过改善自身的能力得到克服,例如兔子不能在短时间内学会游泳。

　　假设还有第四次比赛,以上提到的各种可变因素都不存在,但是兔子在比赛中还可能会遇到其他的问题。比如在途中突然出现一个其他的动物或者道路中间出现一个障碍物等,很可能令正在忙于奔跑的兔子撞个头破血流。相信如果出现这样的事情后,兔子绝对不会再提出第五次赛跑的要求。因为虽然兔子具备奔跑的本事,却不具备很好地运用这种本事的能力,无论再增加多少次赛跑,兔子还是注定要失败。

　　龟兔赛跑的故事表明,优秀人才的成功不仅是由于自身具备良好的专业技能,还取决于除专业技能以外的多方面的综合素质。兔子由于过于招摇和骄傲,以致冲昏头脑,骄兵必败在这里得到了验证。同时,在比赛的赛道设计上也存在一些问题。在第三次赛跑的过程中,兔子已经非常认真地对待这次比赛了,但由于在赛道上出现了小溪,这正好是兔子的短处,比赛的制度设计是导致兔子失败的主要原因。比赛规则中涉及了参赛者的短处,用一个参赛者的长处(乌龟会游泳)去比较另外一个参赛者的短处（兔子不会游泳），其胜负自然就会在比赛之前决定。真正的比赛应该是在比赛之后决定，比赛结果应该是任何一个比赛制度的制定者都未知的。只有这样的比赛才能够选拔出真正的优秀者。兔子与乌龟在奔跑能力上相比较虽然是真正的优秀者，但并没有在比赛中获胜。

在一个组织中，兔子代表了具有较高专业技能的员工，而乌龟代表了能力一般甚至较差的员工。相对于能力较差的员工，高技能的员工会更加具有优越感。在各种情况下，具有优越感的员工可能会忘乎所以，以致在工作中漏洞百出，所以这种员工往往不能得到组织的重用。而像乌龟这样的员工虽然天资较差，但是具有耐力，做事认真踏实。龟兔赛跑的第一回合充分验证了"勤能补拙"的道理。乌龟虽然跑得不是很快，但并没有气馁，仍然在用尽全力向前爬，只要努力总是会有机会的。假如在第二次赛跑中乌龟因为看到兔子跑得那样快就放弃了，即使兔子跑错了路，乌龟也注定要失败。但是由于乌龟一直努力向前爬，于是乌龟把握住了这次机会，机会总是留给有准备的人。在第三次赛跑的时候，乌龟并不知道前面会有小河，也正是这条小河救了乌龟，使得乌龟再次得胜。组织中高技能的员工很多时候会发生"聪明反被聪明误"的状况，常不能得到重用，而资历一般的人反而处在要职上，也有一定的道理。

协作的力量：黄蜂与蚂蚁有区别

专家曾经做过这样一个实验,将几只黄蜂放入一个密封的木箱中,过几天后打开这只木箱,发现木箱的四壁上出现了很多被黄蜂钻出小洞,每一个小洞中有一只死去的黄蜂。专家仔细观察后发现,每个小洞的深度都已经超过了木板厚度的一半。专家分析认为,这些黄蜂是由于用力咬噬木板至精力耗尽而死。差一点就能够看见光明了,但是由于各自为政地奋力咬噬木板,使得每只黄蜂都与光明失之交臂了。

相比之下蚂蚁就不同了。江堤决口后平地就会成为一片汪洋,在滔滔的江水中不时地会看见一个个黑球随着波浪漂过来。虽然江水非常汹涌,但波浪中这些小黑球是不会散开的,好像是被什么魔力粘在一起一样而不能分开。到近处一看,这些黑球是由小蚂蚁组成的,这些蚂蚁紧紧地拥抱在一起,从很远的地方一路漂来,等到这些小黑球触及到陆地时又层层散开。如果这些小蚂蚁不是紧紧抱在一起,而是自己顾自己,则所有的蚂蚁均不会逃过被洪水淹死的灾难。正是由于紧紧地拥抱在一起,大家才能幸存下来。

黄蜂与蚂蚁的行为举止有差异,其行为举止完全是出于本能,但正是这种本能的东西展示出这样一个事实:黄蜂之间不团结,而蚂蚁之间很团结。黄蜂为了求得生存和见到光明,会本能地咬噬小木箱的木板,但黄蜂自身并不知道木板的厚度是怎样的。每只黄蜂都有求生的本能,于是只顾咬噬自己的小洞。这样一来,每只黄蜂最后都是筋疲力尽。假如像蚂蚁一样,所有的黄蜂之间有一个比较明确的分工，并且轮流咬噬同一个洞，即使木板的厚度再增加一倍，黄蜂求得生存的希望仍然会大大增加。

但是黄蜂之间没有这样一种意识，每只黄蜂都想达到自己的愿望，但是到最后谁的愿望都不能达成。分散用力不如集中用力，但是人们经常想到的是分散用力是为自己，而集中用力是为大家。正是由于黄蜂各自为政，才导致集体死亡。黄蜂从来就没有尝试过合作，自然也没有体会到合作带来的收益，所以一直延续各自为政的传统。在遇到大灾大难时纷纷毙命是预料之中的事情。相信这些黄蜂在遇到钻出木箱的困难时，每只黄蜂都非常惶恐，生怕自己钻不出去，而从来没有想过通过集体的智慧战胜困难。蚂蚁与黄蜂就有很大的不同，在面临洪水时首先想到的是抱在一起，这是一种求生的本能，在这样的合作中大家都能够受益。虽然每只蚂蚁的力量非常弱小，但很多蚂蚁团结起来就会有非常强大的力量。

蚂蚁最后能够躲过劫难，而黄蜂不能躲过劫难，关键在于个体成员之间有无团结起来进行攻关的愿望。蚂蚁虽然个体的力量非常弱小，但由于成员之间有了这种合作的愿望，最后能够凭借集体的力量躲过灭顶之灾。黄蜂虽然表面上看起来每个个体的力量都比较强大，但是在做事的过程中都是自己顾自己，所以在面临巨大劫难的时候，失败注定是其不可逃脱的下场。黄蜂与蚂蚁之间的对比展示了合作的重要性。每个人都有凭借自己的力量不能完成的事情，但是只要集中组织中所有成员的智慧，就会攻无不克、战无不胜。

合作不但需要有意识，而且还需要严格的制度对合作成员的行为进行严格约束。在既定的组织制度下，成员之间按照合作的需要达成的目标做事，就不会造成在合作过程中出现过多的矛盾。现在假设如果黄蜂在钻洞的过程中，不是各管各而是大家集中精力钻一个洞，由于每个黄蜂的能力有差别并且心情有不同，一些黄蜂就会通过慢吞吞地干活来巧取。如果其他的黄蜂面对该黄蜂的行为听之任之，那么这只黄蜂实际上正在损害所有黄蜂的利益。在有黄蜂消息怠工的时候，所有的黄蜂就应该站出来指出这只黄蜂的错误,每只黄蜂都有义务担任监督者的职责,每只黄蜂在监督其他黄蜂的同时又被其他的黄蜂监督。这样可以保证所有的黄蜂都能够非常积极地进行相互配合,保证组织的目标实现。

团队精神与精英精神对组织的发展都非常需要。但是在不同的场合应该各有侧重。在这样生死攸关的时候,黄蜂过分注重精英精神,以致走向了误区。没有任何黄蜂提出要以梯队方式轮番攻击某个小洞,精英意识在此占了主导,但是这并不值得称道。蚂蚁的合作意识反倒非常值得推崇。一个组织需要有精英人物,也需要有团队精神。精英人物虽然很容易被众多人赏识,成为大家追捧的对象,但若过分强调个人,就会在组织内部形成过于注重纷争的局面,不利于通过凝聚集体的力量完成单个人不能够实现的事情,最后造成所有人都非常努力但最终任何一件事情都不能顺利完成的局面。

协作精神是组织机构中团队成员之间相互支持、相互尊重、相互信赖并且保持合作关系的重要因素。只有在这样的环境条件下,组织发展效率才能高。高效率的团队的构成包括五个因素:目标、职权、定位、人员、计划。目标指组织的目标和个人的目标,个人目标与组织的发展目标要一致。职权即团队中层级有别的每个成员应被赋予相应的权力,才能够保障其完成相应的使命。定位指不同的组织成员要认清楚自己在组织中的角色,不要做非自己职权范围内的事情,以免与其他人的工作相冲突。人员指人力资源的数量和质量,即人员结构,包括人力资源的学历、年龄、性别、能力等各个方面。计划指组织的发展计划以及用人计划等。管理者要为组织的发展很好地规划发展轨迹和发展目标,使得组织成员看到组织的发展前途。团队精神实际上就是组织发展的凝聚力,团队精神将所有的组织成员聚集在一起,包括管理者在内的所有组织成员都会因为健康向上的团队精神而受益。

刚性管理：诸葛亮挥泪斩马谡

———————

　　三国时期,诸葛亮与司马懿在街亭对峙,这时正值蜀国军中无可用之人之际,马谡主动请缨去坚守街亭。诸葛亮深知街亭得失的利害关系,也深知马谡的优缺点,对马谡有些担心,但苦于军中无人最后还是准备派马谡去坚守街亭。马谡看到诸葛亮对其有所犹豫,便决定立下军令状,以全家的性命做担保,保证自己坚守街亭万无一失。在这种情况下,诸葛亮便派马谡前去守街亭。为了加大安全系数,诸葛亮同时派王平随同马谡前往,并再三嘱咐马谡在一些重要军事问题上一定要与王平充分商量后再执行。果然不出诸葛亮所料,等军队到了街亭后,马谡的固执脾气就来了。王平建议将军队扎营山下,而马谡却执意将军营扎在山上,并且没有按照与诸葛亮的约定将军营扎好后把阵图送给诸葛亮看。等到马谡将军营扎在山上后,司马懿在山下将马谡的部队围了一个水泄不通,切断了马谡的军队给养,马谡的军队陷入山穷水尽的地步,造成马谡不战自败。街亭失守进而使得蜀军遭受重大损失,几乎到了全军覆没的地步。由于马谡失掉了街亭并给蜀国造成了重大损失,诸葛亮不得已挥泪斩马谡。

———————

　　马谡虽然刚愎自用,但是其军事才能在同事之中还是略胜一筹的,并且马谡与诸葛亮的交情也是较其他人更为亲密,但为了整顿军纪,诸葛亮还是要按照事先的军令状行事,以便能够在众人面前树立权威。诸葛亮挥泪斩马谡关键的一点是诸葛亮是在流着眼泪斩马谡的,如果诸葛亮与马谡之间没有深厚的情感,在斩马谡的过程中是不会流眼泪的。但是个人之间的感情不能取代军令,如果用个人情感取代制度,就会使得诸葛亮非常为难,令诸葛亮在以后的工作中很难严肃军纪。铁的纪律是组织得以高效运转的基础。如果能够不徇私情,而是依靠严格的纪律对自己的部下进行管理,所有的下属就对管理者由衷地敬畏。

诸葛亮能够抛开与下属之间的个人情感而严整军纪,这对于组织中的管理者而言是具有非常重要的借鉴意义的。一个组织的运转需要以铁的纪律为前提,如果没有严格的制度,整个组织将无法正常运行,管理者的号令将得不到有效执行。纪律是使得组织得以维系的法宝,没有了纪律也就没有了组织,所以管理者的重要职责之一就在于严肃纪律。同时,管理者在严肃纪律的过程中要身先士卒,只有管理者以自己的行动在严肃纪律问题上做了表率,下属才会真心服从。但在严格遵守制度的过程中也不能走极端,铁骨中体现柔情也是应该的。这种严格的管理中体现的管理者的感情的管理方式可以使得组织中的所有成员看到管理者为下属着想的一面,在管理者发号施令的过程中就会达到润物细无声的作用。下属执行管理者的命令就不会是形式化的执行,而是发自内心的执行。

在严肃军纪方面,《左传》记载过这样一件事情:孙武去见吴王阖闾讨论带兵打仗的事情,侃侃而谈,头头是道。吴王认为纸上谈兵无任何作用,决定通过具体事情考考孙武——让孙武操练宫女。孙武于是挑选了一百个宫女,并让吴王的两个宠姬担任队长。在练舞前孙武对各种要领讲得一清二楚,但在排练时这些女人还是满不在乎,孙武一喊口令所有宫女就开始大笑,吴王的两个宠姬更是笑弯了腰,对孙武的命令置若罔闻。于是孙武严厉说道:"我的口令就是军令,不能开玩笑,不按照指挥进行操练者后果自负。"虽然如此,带头的两个宠姬还是不听从孙武的指挥。为了使得自己的命令能够在所有的宫女中得到执行,孙武就将两个宠姬杀掉了,这是宫女们所没有想到的。这两个宠姬可是吴王身边的红人,连这两个人都能得到这样的惩罚,所有的宫女马上就开始非常严肃地对待孙武的命令。故事中孙武并没有更多的废话，而是通过自己的行动严明军纪。没有严明的军纪，孙武的工作将无从开展。

在一个组织中，做一个优秀的管理者非常不容易，在工作中往往会遇到孙武面临的问题，这与诸葛亮斩马谡的问题在本质上是一样的。令出即行，并且严格遵守纪律，才能够使得所有的组织成员按照管理者的意思行事，组织有序发展。

刚性制度一旦制定下来，在履行过程中就不能对之进行变动和调整，对组织的所有成员都保持一致适用，否则制度就是去了意义，所以刚性制度还需要刚性执行。在刚性制度执行的过程中，需要做到如下几个方面：既定制度适用于所有人；制度需要在一定时期内保持稳定；履行制度的人要刚正不阿；制度执行公正透明；制度执行中不能掺杂个人感情。刚性制度首先需要执行制度的人有刚性的素质，如果见异思迁或者过分体谅弱者，则在执行制度的过程中就会使制度变味。刚性制度不但是组织文化的再现，而且是组织的高层管理者意志的反应。如果在制度执行的过程中政策多变，不但反映出管理者对其管理意图缺乏信心，而且会使组织中的成员对管理者提出质疑。刚性制度柔性化就会涉嫌偏袒某些成员，而这对其他成员是不公平的。刚性制度执行的前提是制度透明，制度应该是大家在理解一致的基础上的组织规章，在制度的执行过程中所有的利益相关者都有义务充当制度的监督者，只要制度执行稍微与制度本意有偏差，就会有利益相关者出来进行干涉，以便保证刚性制度的顺利执行。

允许下属犯错误：利害共存的鼠与猫

有一个越国人的家中鼠害严重，于是他从外地带回一只善于捕鼠的小猫。不曾料到这只猫在捕鼠的同时也喜欢吃鸡，最后这个越国人家中虽然没有了鼠患，但鸡也所剩无几了。越国人的儿子于是想把猫弄走，以便能够使自家的鸡得以保全。越国人对儿子说："对咱们家构成危害的是老鼠而不是鸡，老鼠总是在偷吃咱家的粮食并咬坏衣物，鼠患终将会令我们挨饿受冻。咱家的鸡被猫吃了，这并不是猫的错误，而是猫的天性，我们需要做的是想办法对鸡实施保护，让猫不能吃到鸡而单纯发挥捕鼠的功效。"

越国人的看法是对的，而儿子的做法就有些欠妥。设想一下如果将小猫弄走，越国人的家中还会恢复到鼠患成灾的状况，鼠患可能会令家中缺衣少食。小猫虽然也会捉鸡吃，但其结果顶多是使得家人不能吃上鸡蛋或者鸡肉，生活质量会受到一些影响，但不会对越国人的基本生活造成困扰。如果单纯因为小猫捕食家中的鸡就将小猫捕鼠的贡献废弃，这对小猫而言是不公平的。并且放掉小猫的举动终将不能解决越国人家中的问题。儿子具有因噎废食的思想，这种思想在越国人的劝导下得到了及时的遏制。

故事中的小猫代表了一个组织中具有某一方面专业技术但又有一些不良嗜好的员工。越国人和儿子分别代表了两个不同思维方式的管理者。儿子要求下属不能够有错误；而越国人却能够看到下属的长处并能够容忍下属的错误，在考虑问题时能够区分出主要矛盾并能够做出正确的抉择。故事中小猫捉鸡的错误在儿子看来是小猫的错误，于是想将小猫赶出去。越国人却不这样认为，小猫能够捉到鸡是小猫的天性，因为在小猫的眼中鸡和老鼠都是食物，只是在人的眼中两者是不同的，老鼠能够给人造成危害，而鸡则能够生蛋并提供美味的肉食，所以老鼠是人类打击的对象而鸡是人类保护的对象。

实际上，小猫不会这么聪明，小猫不会完全按照人的意志行事，只会按照本性行事，所以无论是老鼠还是鸡，只要是能够给自己果腹的就一并抓来吃掉。越国人能够辩证地看待这个问题，认为小猫抓鸡不是小猫的错而是管理不善所致。老鼠由于躲在暗处，人们不容易抓到，用小猫来治理鼠患会更加有效率。鸡是人类饲养的家禽，管理起来非常容易，只要稍微动一下脑筋，就可以想出让小猫不能抓到鸡的办法，只是由于先前对小猫的管理不善致使其发挥正面作用的同时也产生了一些不必要的负面作用。对小猫的行为进行约束并让其只做对人类有益的事情，这不是小猫所需要想的，而是越国人及其儿子要考虑的，通过精心设计管理办法就能够达到这样的目的。小猫只需要按照自己的本性做事就可以了。

小猫虽然在捉老鼠这件事情上具有其他动物所不具有的高超技能，但是小猫也有人类所不需要的坏毛病（捉鸡）。在一个组织中，员工形形色色，但在某一方面具有突出专业技能的人才也许并不多见。为了使工作顺利开展，管理者就需要充分利用这些具有一技之长的优秀人才。但是人无完人，金无足赤，优秀员工虽然在某一方面具有突出的本事，但在其他方面也许会存在一些与管理者用人标准相抵触的地方。管理者在用人时就需要在该人才的去留问题上做出艰难选择。无论怎样，一定要考虑到这个人才的主要属性是否与组织发展的目标相一致，为了达到组织发展的目标，就需要率先肯定员工的主要属性，对员工在其他方面存在的误区进行辩证思考，才能够在自己的周围网罗一批专业技术人才。

　　当自己的下属出现工作上的失误时，首先不要责怪下属的过失，而是要充分反思是否管理制度有问题。员工只是在履行自己的职责并且认真地完成自己的本职工作。在管理制度设计不合理的时候，就会导致员工工作越认真就越与组织的目标相抵触的情况。就像小猫一样，不但在认真地捉老鼠而且还在认真地捉鸡，小猫越认真地捉鸡，就越会与越国人的思想相抵触。在这种情况下就会出现小猫行为违反组织发展目标的情况。只要能够很好地对组织制度进行规范，适当约束小猫的行为，就会让小猫行为的好的方面得到施展，越国人完全可以用藩篱将鸡全部围起来，这样小猫就不会抓到鸡，在鸡得到保全的同时小猫还会更卖力地抓老鼠。

　　管理者需要用全面的思维考虑，并且全心地设计为适合优秀下属施展自身才华的环境。要允许下属犯错误，在下属犯错误的时候不要认为这完全是由于下属的原因造成的，管理者自身也有问题。管理者需要适时地反思自己在工作中出现的问题，并通过巧妙的办法改正过来。如果像越国人的儿子一样处理小猫，则管理者将终生没有能够为其效力的"小猫"。小猫可能会认为，相对于老鼠，鸡的口感更好，作为具有经济人心理的小猫自然在捕食猎物的过程中会有机会主义行为，说不定在老鼠比较难捕捉的情况下，小猫会将其注意力全部集中到鸡的身上，这时主人养小猫捕鼠可能就会付出更多的成本，但这对于小猫而言都是比较正常的。作为组织中的成员也会存在机会主义心理，在管理者不注意的时候偷懒、在不满意管理者的时候发几句牢骚、向身边的同事诉苦等情况也可能发生，在工作的过程中挑拣一些省力并且容易出数的活计，以便能够在管理者面前邀功，甚至做出一些管理者不希望其做的事情等都是可以理解的。

做张值日表：三个和尚有水喝

一座不大的庙中住着和尚甲，非常勤劳，自己除了种菜外还每天到山下挑水，生活虽然辛苦些，但乐在其中。庙外的百姓看着和尚甲生活得有滋有味，非常羡慕。和尚甲也为自己能够拥有这样逍遥的生活而感到自豪。但在忙碌之余，和尚甲有时也感到有些失落，每逢过年过节，在看到村子中每家每户的热闹场面后，就感觉到身边少了些什么。在衣食无忧的情况下，和尚甲非常希望能够有新的和尚到庙中来，与自己一同经营这个寺庙。这天，有和尚乙来到庙中讨饭吃，和尚甲在对和尚乙讲明了自己的想法后，和尚乙非常高兴，从此就不用四处奔波了。为了表达对和尚甲的感激之情，和尚乙工作非常勤奋。但随着日子一天天过去，和尚乙开始感觉不对劲，和尚甲在和尚乙面前总是扮演"老大"的角色，和尚乙逐渐感觉到自己对于和尚甲而言就是个任其使唤的佣人。但和尚乙认为自己应该是与和尚甲一样的寺庙主人。在有了这样的想法后，和尚乙做活开始漫不经心。和尚甲也逐渐有些察觉，但碍于面子并没有对和尚乙提出批评。和尚甲觉得，如果再引进一个和尚，情况也许会好些。两个和尚商量好后寺庙中多了一个和尚丙。和尚丙来到寺庙中后，和尚甲与和尚乙都以使唤佣人的方式使唤和尚丙。开始的时候，和尚丙还能够忍受，但是随着时间的推移，和尚丙开始与两个老和尚争辩。于是附近的村民每天都会听到从寺院中传出的叫嚷声。每个和尚都会因为自己比他人做的活多而感觉到不公平。寺庙失去了只有和尚甲时的"繁荣"。"三个和尚没水喝"的事情发生了。

三个和尚的故事家喻户晓,讲的是庙里的三个和尚之间在喝水问题上产生的矛盾:一个和尚挑水喝,两个和尚抬水喝,三个和尚没水喝。故事虽然很简单,但其中的道理却非常深刻。一个和尚挑水非常起劲,因为这个和尚知道挑来的水全部为自己所享用,不会有其他人分享自己的劳动成果,自己给自己干活永远是任劳任怨的。有两个和尚的时候情形就有所不同,其中的任何一个和尚都会担心另外一个和尚无偿占有自己的劳动成果而尽量降低自己的劳动付出,以使自己的损失降到最低,每个和尚在尽量使自己的劳动不被另外一个和尚占有的同时还具备占有其他和尚劳动成果的倾向。这种状况的存在自然会使得每个和尚到山下取水的劳动积极性不高。有三个和尚的时候情况就会更加复杂,和尚之间形成的人际关系会更加复杂,每个和尚占有其他和尚的水的欲望会更加强烈,所以和尚们就会通过尽量减少自己的劳动付出以降低其他和尚占有自己劳动成果的可能。在这种情况下和尚之间的人际关系比较冷漠自然不必说,而寺庙的发展动力就会缺失,连喝水的问题都不能解决,更何况是几个和尚共谋寺庙的发展大计呢。

三个和尚没水喝揭示出来的是组织管理制度的不完善和人们之间的利益矛盾。一个组织中存在多个利益矛盾的个体,每个个体都希望通过各种方式使自身的利益达到最大并使自己的付出达到最小,在没有合理的制度约束情况下,每个人都按照自己的愿望行事,最终导致组织不能发展。一个和尚的组织虽然不存在利益矛盾,但是单个和尚的能力毕竟有限,组织图谋更大发展就存在很多困难。组织的发展需要依靠更多的个体联合起来,但是多个个体共事时就存在矛盾,并且在制度设计不合理的情况下就会产生内耗,从而出现"1+1<2"的结果,这与日常经验所想象的"1+1>2"相悖。"1+1<2"的情形在人们日常生活和工作中经常出现。

在计划经济时期,施行平均主义分配方式,这种分配方式的本质就是将劳动生产率高的劳动者的劳动成果通过不合理的分配方式分配给了劳动生产率低的劳动者享用,致使劳动生产率高者由于多劳动而没有享受相应的劳动成果而在后续的工作中劳动积极性不高,劳动生产率低者由于没有付出相应的劳动就能够得到较自己的付出多得多的劳动成果,其劳动积极性也不会很高,不努力劳动就能够得到较多的回报,既然天上掉馅饼,还有谁愿意自己做馅饼？所以平均主义分配方式的结果就是,多劳者不多得,少劳者不少得,最后导致大家都不劳不得的结果,而不劳不得的结果就使大家共同贫穷而不是共同富裕。计划经济时期的不合理的平均主义分配方式让所有人都寄希望于占有其他人的劳动,人们宁可挨饿也不愿付出更多的无谓劳动。这种思维方式成了惯性,以致在改革开放后,一些人通过诚实劳动和合法经营率先富裕起来后就引发了其他人的"红眼病"。

在"不患寡而患不均"的文化影响下,人们所关心的不是自己饭碗里面盛的内容,而是别人碗里盛的东西的数量是否与自己的数量一样多。在这种情况下,即使大家碗里盛的都是玉米面粥也无关紧要,只要碗里盛的东西一样多就可以。现在虽然大家碗里的玉米面粥被换成了红烧肉,但由于其他人碗里的红烧肉比自己多,心里就会不舒服。这些得"红眼病"的人只是看到了碗里的红烧肉多与少的差别,没有看到碗里红烧肉多的人为得到这些肉而付出的劳动要多得多。大家争的只是红烧肉这个结果,而没有看到得到红烧肉之前的劳动付出。发生这样的事情与"三个和尚没水喝"如出一辙。三个和尚没水喝的直接受害者是三个和尚,间接的受害者就非常多了,三个和尚的后继者会在这种不健康的文化氛围下扭曲成长。

"三个和尚"的故事就发生在人们身边,有时候甚至我们自己就扮演着"三个和尚"的角色。这样的角色其实并不是每个人都愿意扮演的,扮演这样的角色只是出于自保而已,这是人之常情,也符合人们的心理活动过程。但是员工个体之间的"三个和尚"关系导致的只是每个员工之间的明争暗斗,最后会对组织的发展产生一定影响,但幸好不能产生决定性作用。如果管理层之间产生"三个和尚"的事情,其结果就有很大的不同,影响的是整个组织的发展。"三个和尚"的故事虽然只是个故事,但对现实的人而言是值得思考的。三个和尚是为利益而战,而这种"战斗"

的前提是庙里规矩不合理,没有合理制度对所有的和尚进行约束,以致造成所有的和尚为所欲为,每个人按照自己的意思行事,而喝不上水的结果也许是每个和尚都未曾预料到的。

"三个和尚"的故事出现了人们不愿意看到的结果,而要避免这种结果就需要想办法约束三个和尚的行为。其实事情很简单,只要设定一个值日表就可以了,规定每个和尚在值日时间内将水缸全部装满水,每个和尚都按照这样的规则去行为,和尚之间就没有任何怨言。通过设定值日表,和尚的行为受到了约束,每个和尚由原来的利益捍卫者变成了制度执行的监督者,有完全的理由对值日不到位的和尚进行抗议。水缸就摆在大家面前,水缸中的水满不满大家都能够看得见,这种制度完全是透明的,即使三个和尚在庙中的地位不相同,但在既定工作面前是平等的。如果有和尚想讨好地位较高的和尚,那就需要完成较高地位的和尚应该完成的职责,不良风气就会自行禁止。故事中将和尚数量定位在三个,这个数量只是概数而不是确数,表达的思想是,在制度设计不完善的情况下,和尚数量越多越不好办事,就会导致内耗大于创造。一个人时无须设立制度,但成员数量的增加就会使得管理成本增加,单纯依靠主观感觉达到预期的管理目的就不能奏效,客观公正的管理制度的出台就显得非常必要,这也是使得三个和尚都努力工作的重要依据。

管理者问责：并非全是毛延寿的错

　　毛延寿是汉元帝时的宫廷画师。汉元帝因后宫嫔妃多，不能遍视亲选，便命"黄门画者"毛延寿将所有的嫔妃逐一画成图画进呈，然后按图诏见。皇帝后宫众多嫔妃中除了少数能被皇帝临幸外，大多数人被冷落一旁。嫔妃为能被皇帝宠幸，便不惜重金贿赂画工毛延寿把自己的容貌画得美丽一些。嫔妃中有一个叫王嫱（字昭君）的漂亮姑娘，不买毛延寿的账，故被毛延寿丑化，失去了被诏见的机会，一直遭到冷落。当时，匈奴呼韩单于到长安朝见元帝，向元帝提出愿当汉家女婿以使双方关系更加亲近的要求。王嫱久居深宫，自觉面见皇帝无望，便主动要求离汉宫去匈奴和亲。汉元帝审阅王嫱的画像，看到王嫱缺少姿色便同意了王嫱的要求。呼韩单于临别的那天，汉元帝诏王嫱和呼韩单于在御前觐见时，一见王嫱美貌绝佳，被吸引得如痴如醉，欲收回成命，却又怕失信于匈奴，只好忍痛割爱，让王嫱出塞和亲。王嫱走后，汉元帝非常想念她，把一腔愤怒都发泄到毛延寿身上，下令将他抓来问罪斩杀。

　　昭君出塞是史实，人们一直将昭君的行为与民族利益联系在一起。笔者从经济学层面对这个问题进行重新考虑：王昭君乃至汉元帝和毛延寿都是制度的牺牲品，但王昭君在这中间受的损失最大。

　　首先，王昭君的选择实质上是被动选择。这种被动选择是王昭君出于对汉元帝和毛延寿两个人的预期：由于她不买毛延寿的账，导致毛延寿不可能给她画出美妙的画像,进而令汉元帝无法了解真正的她。王昭君的这个推理过程实际上包括了一个"既定制度不变"的假设,这个既定制度就是汉元帝默认毛延寿的画像就是对事实的真实反映而没有歪曲成分。由于汉元帝没有改变既定制度的可能,所以王昭君就始终没有出头之日。王昭君的这种看似主动的选择实质是感到未来生活无望状态下的一种被动选择。

其次,王昭君是制度的最大受害者。王昭君凭借其自身条件完全可以成为汉元帝最为宠爱的嫔妃,正是由于画者毛延寿的卑鄙行为才导致了汉元帝没有看到真实的王昭君。由于汉元帝将画像的权力全部让渡给了毛延寿,使得毛延寿具有了随意美化或丑化被画者容貌的自由,汉元帝的这种权力让渡使得毛延寿具有掌握嫔妃命运的可能。嫔妃要想自己掌握命运就必须行贿给毛延寿,如果毛延寿想捞好处而没有捞到,就会丑化被画者,正是这样,毛延寿掌握了王昭君的命运。王昭君是以自己生活方式的改变、爱情的重新培养、付出更多感情为代价做出出塞选择的。

再次,毛延寿和汉元帝也是制度的牺牲品。毛延寿以皇帝对自己的授权制造王昭君与汉元帝之间的信息不对称,进而拆散了元帝和昭君。问题有两个方面:一是汉元帝授权过大,中间缺少了对毛延寿的监督;二是毛延寿太贪,毛延寿的贪导致王昭君被丑化。毛延寿之所以敢丑化王昭君,是因为他知道汉元帝非常相信自己,只看画像不看真人。由此可以推断,在王昭君之前很可能有很多个没有出塞的"王昭君",而每一次毛延寿都得逞了。毛延寿正是按照这样一个"既定制度不变"的逻辑造成了王昭君的悲剧。"既定制度不变"使得毛延寿胆子越来越大。但是毛延寿没有料想到,偶然事件导致东窗事发,酿成身死的结局。之所以说毛延寿是制度的牺牲品,是因为"既定制度"应该遵循渐变规律,如果汉元帝逐渐减少对毛延寿的授权并且逐渐加强监督,毛延寿在画像过程中就会更加谨慎一点并减少自己的腐败。但是东窗事发很突然,再加上皇帝的专权也使毛延寿根本没有悔过自新的机会，所以说是制度导致毛延寿的腐败，也是制度导致毛延寿之死。在既定制度与制度突变之间缺少了一个渐变的过程，这是皇帝的责任，所以毛延寿也有些冤枉。当然，在整个事件中皇帝也是受害者，由于自己设立的制度不完备，导致自己与心上人不能长相厮守，如果在这件事情以前汉元帝就注重制度的建设，也就不会造成自己与王昭君分离的事实，汉元帝是作茧自缚。

最后，亡羊并没有补牢。毛延寿之死只是出了汉元帝的恶气，但监督宫廷画师的制度并没有系统地建立起来。毛延寿之死可以让宫廷画师有所收敛也只是短期内的事情，由于系统的监督制度没有建立起来，所以从长期来看还会有更多"毛延寿"产生，类似悲剧还会重演。

由这个故事可以联想到当代经济建设中高层管理者、基层管理者以及员工间的关系。高层管理者是通过基层领导来了解员工的，所以基层领导在优秀人才的选拔和推荐上具有非常重要的作用，其与员工间的关系相当于毛延寿给昭君画像。员工与基层领导的关系决定了基层领导呈给高层领导的员工的画像的丑或美，某些基层领导作风腐化也就在所难免。因此，高层领导对基层领导没有监督的过度授权导致基层领导腐败的同时也损失了更多的优秀人才。经济发展需要人才，但人才需要管理者去挖掘。在挖掘和利用人才的过程中，基层管理者发挥着重要的作用，所以就必须给基层领导充分的授权并且给予足够的信任。为了避免出现故事中的悲剧，避免由于制度缺失而造成三方不利，应该在对基层管理者充分授权和充分信任的同时建立一个有效的监督机制，并完善信息传输机制，在权利制衡中维持高层管理的高效率。好的制度建设可以避免更多的损失。有时制度缺失后虽然可以亡羊补牢，但毕竟成本太大。

关注弱势群体：大树对小树的剥夺

　　茂密的原始森林中各种生物为了繁衍而在不停地竞争着生存资源，因为既定的资源有限所以只有优胜者才能够在竞争中取胜并获得更多的发展机会。高大的杉树给人们挺拔高俊的印象，其下生长着名不见经传的低矮树种或者草本类，在高大杉树的映衬下，这些无名小卒显得是那么不值一提。但是当遇到飓风时这些高大的杉树最先受到强大风力的摧残，有时甚至被连根拔起。人们望着这些倒下的大树往往会感到黯然神伤，而对杉树下面一直处于弱势地位的物种丝毫没有察觉，但实际上在杉树倒下的同时这些无名小卒得到了更大的生长空间。因此，大自然强大的摧毁力量为诱发新的生命提供了条件，从这个角度而言，摧毁意味着新生。

　　在杉树倒下的地方有很多原来名不见经传的生命获得了生存机会，这些生命拼命地生长着。桦树的生长速度极快，在很短的几年内能够长得很高大，高大的桦树虽远远不及杉树，但较其他树种具有更快的生长速度，由此在生长中占据优势。在桦树的旁边有成长速度较慢但生命力极强的橡树苗，其虽然无法与高大的桦树相比较，但其木质致密且有足够的耐力，而桦树的生长速度虽快但寿命很短，桦树很快就会由于达到生命极限而倒下腐烂，进而成为橡树以及其他小生命生长的营养，桦树的位置逐渐为橡树所取代。橡树靠自己的毅力在等待机会，桦树及杉树的倒下为橡树带来的更多的发展机会。

生物生存的哲理与人类的生存法则惊人相似。一个组织的管理者就如同高大的杉树,员工就像成百上千的无名植物在时刻不停地竞争着生存资源,这些下属向森林里的植物一样在向上竞争"阳光",谁长得足够高,谁就会有更多的生存机会,向下争夺着养分,吸收的养分多就能够成就健康的体魄。作为一个组织中位于"杉树"下面的员工向上争夺"阳光"就是向更高层的管理者争取更多的成长机会,向下竞争养分就是建立更加广泛的群众基础。为了争夺生存资源,组织内部平静的表面背后其实存在着诸多较量,在这个较量中谁具有了更好的群众基础和赢得了上级的青睐,谁就有了更多的发展机会。

杉树的存在使得杉树下面的植物都无法取得更多的生存资源,这些小植物为生存而战的竞争异常激烈。飓风对于杉树而言虽然是坏事,但却给杉树下面的小植物带来了生存的机会。杉树不能永远高大,其强大的体魄在被飓风摧毁后注定要成为其下小生命生长的营养。小生命可能为此准备了几十年,但正是这种准备为自己生命的延续以及体魄的强大奠定了基础。桦树久居杉树的下面并且保持旺盛的生命力,但由于其生命极限较短,终究要成为橡树的营养。橡树由于耐力和生命极限长于桦树致使其能够在桦树之后雄踞一方,但同样的,它也不会永远成为森林的主宰。

植物竞争的辩证法表明,在生存资源的竞争中没有任何一个是常胜将军,无论是多么高大的树种,其雄姿终将成为历史,其身躯终将成为其他生命繁衍生存的营养。健康高大的杉树能够以自己强大的身躯遮蔽小植物的阳光,有意或者无意压制这些弱小植物的壮大,但这些弱小植物顽强的生命力是杉树无法阻挡的。小植物时刻准备着,只要有机会就会使自己的身躯逐渐高大起来。桦树虽然短命,但也会以同样的方式遮蔽阳光,所有这些物种都会以自身生命的扩张为根本而掠夺其他生命的成长机会,这是自然法则,也是生命的本质。橡树能够以较强的耐力等到桦树自然老去后赢得自己生命中的曙光。

小树与大树的竞争是基于自然法则的生命抗争,后来者的成长都是建立在前面高大树木的腐泥上。人类的生存与森林中树木的成长不同，人类的发展是建立在社会法则上的。人类与自然的相同之处在于有强弱之别，如城市与乡村、富人与穷人、权贵与平民等的强弱之别使得不同群体的生存机会和生存空间有较大的差别。人与自然的不同之处在于通过理性的管理方式在不同的群体之间构建合理的制度让不同群体能够同时找到其生存空间，这种制度设计自然在更多的时候需要倾向性地给弱者以保护，以便让这些弱者能够得到从"高大的杉树"的枝叶间洒下的更多阳光，变得相对魁梧。桦树由于生长较快，可以为后来者，如橡树，奠定更好的成长基础。

"沉舟侧畔千帆过，病树前头万木春"，大森林给人们的感觉总是郁郁葱葱，但在这表面现象下时刻进行着死与生的交替，后人向前人汲取营养，前人为后人留下制度，合理的制度可以拨开高大树冠，为底层植物洒下更多阳光，在底层植物得到发展的同时也能够优化森林物种，整个大森林在和谐的氛围中发展。

目标管理：饲草挂在屋檐上

游客到乡间旅游时发现一个奇怪的现象，老农将喂牛的草料全部挂在小茅屋的屋檐上，而不是放在地上。游客非常不解，于是询问老农原因："为什么将这些草料放在屋檐上而不是放在地上，放在地上不是更加有利于牛进食吗？"老农说："这种草并不是非常好的，如果将其放在地上或者将其与质量较好的草放在一起喂食，牛会根本不加理睬，但是将这些草料放在屋檐上，这些牛会努力争取吃上这些草料，而且一点也不会浪费。牛吃草也是非常挑剔的，不是所有的草都吃，在吃草时总是先将质量较好的、自己喜欢的草吃掉，而将不好吃的草全部剩下。如果总是用较好的草喂食牛，饲养成本就会太高，而且会浪费掉很多的草料，所以我必须想些办法让牛吃掉所有的草料，在为我节省更多的饲养成本的同时也会逐渐改变牛的食性。牛并不能理解饲养员的意思，但饲养员可以按照自己的意思诱导牛按照他的想法去做，牛能不能将草吃掉不仅取决于牛，还取决于饲养员的管理方法。"游客听了老农的话后深有感触。

老农虽然没有非常高深的理论素养，但他的一番话还是非常有道理的。牛与人在很多方面是一样的，喜欢吃好的草料并且天生具有惰性。牛的天性无法改变，但饲养员可以充分发挥自己的聪明才智使得牛按照自己的意愿行事。同样的草如果被放置在地上，牛可能都不会看一眼。为了让牛将质量普通的草料也吃掉，就需要激发牛的吃草欲望。老农的做法就是将草料挂在屋檐上，让牛费一些劲后才能吃到这些草料。当牛感觉到这些草料是经过一番周折之后才获得的,吃到嘴里自然会感觉非常香甜,这就是老农所需要达到的效果。老农在做这件事情的时候并没有将草料挂在非常高的地方,而是挂在了比较低矮的茅草屋的屋檐上,这样做的目的就是使得牛既可以看见这些草料,又可以够得着。挂得太高就会失去吸引牛的作用,本来这些草就不是十分好吃,还要费太多的力气才能获得,牛索性就不会去花费力气采食这些草料。

不要小看老农的"小伎俩",这中间实际上体现了管理学的目标管理原理。老农就是人为地为牛设置了一个目标,即房顶上的草。将草挂在高处,就会使它们与其他的草区别开来,显得更加突出,就容易得到牛的关注。一个组织本来是死水一潭,但是只要通过精心设计让组织内部的员工改变原来的思维习惯,并且在改变思维习惯后让所有的成员都能够为利益而战,这时往日的一潭死水就会有小的波浪甚至是大的波浪。故事中的牛就代表了一个组织中的员工,老农就只是这些员工的管理者,而草就是这些员工的奋斗目标。作为管理者,不但要懂得让员工为组织作贡献,还要很好地将组织的目标与员工的个人目标紧密结合起来,通过将组织的目标细分为若干个小目标让组织成员完成,从而实现组织目标与员工的个人目标相一致。

目标管理是一种激励方式,一定要将目标设计得比较合理才能达到预期的目的。老农对游客侃侃而谈,但这些经验并非是一朝一夕能够获得的。如果游客也是个养牛的专业户,可能老农就不会这样非常慷慨地讲述,否则就会与老农形成竞争。虽然寥寥几句话就可以将自己先前若干年的工作总结出来,但这期间老农需要认真地琢磨牛的生活习性、不同草料对牛的吸引力、草料被挂起的高度等。同样的,组织中的管理者也需要认真琢磨组织内部的成员,将成员分门别类后对不同的成员辨证施治,这样就可以最大限度地达到管理者需要实现的目标。

因此,管理者在维护组织发展的过程中不能只是坐在屋子中不切实际地发号施令,而是要充分发挥自己的聪明才智以尽量少的付出达到最高的管理效率。组织内部的不同员工的能力有差异,品行各有特点,各自的发展目标也有很大的不同。管理者应深入到员工中间对所有的员工进行详细了解,然后在调查研究的基础上进行目标设计。目标的设定要坚持"跳一跳能够摘到树上的桃子"的原则,针对每个员工的实际情况制定相应的对策,让其最大限度地发挥自己的作用。

管理者不应该强求每个员工都是非常优秀的,但是可以通过一定的方法让每个员工都能够在组织中充分发挥自己的特色。管理者不仅发挥着用人的作用,而且还要发挥养人和开发人的作用,使组织成员中的弱者变强,强者变得更强。让组织成员感觉到任何一个目标的达到都需要付出一定的心血,激发人的欲望比给人一些物质奖励所发挥的激励作用会更加持久。

管理不玩障眼法：被骗的"弼马温"

《西游记》中的孙悟空自命不凡，仗着自己武艺高强，在天庭中四处乱闯，还不时地弄出一些小事端。玉皇大帝为此非常苦恼，因为天庭中所有的人都拿孙悟空没有办法。于是有人给玉皇大帝出主意说可以委任孙悟空一个官职以便让其臣服。但玉皇大帝不愿意这样做，后来思考再三就想出了一个"弼马温"的主意，即委任孙悟空一个空头衔并且让其在不知道的情况下有被重用的感觉，目的在于将自命不凡且到处惹是生非的孙悟空委以虚衔，以便让其听从玉皇大帝的管束。该做法可以使孙悟空不再冲撞玉皇大帝的管理，同时还可以使得孙悟空有被重用的感觉。开始时，孙悟空非常高兴，整天非常辛勤地工作。但是有一天，他听到两个小衙役暗自讥讽他说："看他美的，还以为自己当了多大的官呢！"孙悟空不明白小衙役的话，便揪住衙役的耳朵问个明白。小衙役告诉孙悟空说："弼马温实际上就是个马夫，根本算不上什么官。"孙悟空听了衙役的回答后，感觉到自己的人格受到了莫大的侮辱，自己本来神通广大，可以在天庭上做一个独当一面的角色，从而可以为天庭效力，但由于不懂官场上的事情，只是被委任为弼马温，还以为是玉皇大帝对自己的器重呢。于是，他找到玉皇大帝想要讨个公道。但是玉皇大帝本意是不想给孙悟空安排官职的，孙悟空自然碰了一鼻子灰。孙悟空更加感觉没面子了，既然道理已经讲不清楚了，干脆就用武力解决吧。于是他将天庭闹了个天翻地覆，天庭开始大乱。而孙悟空也为此付出了惨痛的代价，被压在五行山下500年，直到唐僧去西天取经经过五行山的时候才算有了"重新做人"的机会。

企业管理中部门高管有时也采用这种办法管理自己的员工。但"弼马温"管理方法达不到长期效果，只是解了燃眉之急。在"弼马温"知道了自己的身份和理解了部门高管的用意后自然就会做出与孙悟空相同的选择。形式上比较稳妥的"弼马温"管理模式实际上存在着很多管理隐患，管理中应该解决的问题不但没有解决，反而会逐渐升级，所以分析"弼马温"管理方法的困扰并探索相应的解决对策就非常有必要。现实生活中也会经常发生"弼马温"的事情。"弼马温"的管理模式看似有效率，实则是很多应该解决的管理问题被掩盖了，在部门高管不易察觉的情况下孕育着诸多管理隐患。

一团和气会影响团队建设。团队是在共同目标下依托严格的制度规范和公平的利益分配机制使其中的个体在健康竞争与互助合作的基础上形成紧密团结的集合。团队运作过程中有一个坚强的核心，围绕该核心的所有成员的工作联系密切、分工合理。成员之间虽然有矛盾，但可以在合理的制度设计下得到化解，整个组织的发展是充满朝气的。在健康的团队建设过程中，团队成员之间虽然有矛盾，但矛盾可以浮出水面，管理者可以通过改善管理措施及时消除这些矛盾。"弼马温"的管理模式下，组织成员之间存在矛盾，但大家均心照不宣，于是矛盾会一直处于潜伏状态。

"弼马温"管理的最直接结果就是，优秀员工在承担责任并付出努力的同时并不能得到相应的回报，而那些实衔者（有实际权力的人）却在既定位置上不用做相应的工作就能得到收益。这就相当于虚衔者（被给予头衔但不具实际权力的人）在不合理的制度约束下为实衔者创造着收益。实衔者在既定位置上不但不能作出相应的贡献，还享受着既定的利益，这自然会促使实衔者进一步强化其既定收益的动机；而虚衔者不但会弱化工作的动力，而且会萌发脱离组织的想法。按照这样的思路，当大多数虚衔者做出离开组织的选择时，组织中留下来的将是低能的实衔者，围绕在部门高管周围的将全是善于攻心的低能小人。

"弼马温"的管理思路造成的危害不仅仅是泯灭了当事人的创造热情,关键在于在整个组织中形成了不健康的文化,进而使组织偏离了正常的发展轨迹,最终会影响组织管理者的工作效率。管理者以"弼马温"方式给组织中的既得利益者送人情而影响了自身的工作进展,迫于工作效率需要推进的压力使得部门管理者不得不改善自己的工作方法,在单纯地依靠感情纽带让实衔者居要职但又确实不能给自己撑门面的情况下,就不得不在运行机制上做些变化:严格自身行为以示下属;树立高目标,使既得利益者望尘莫及;规范岗位责任,让低能者感觉到风险。为此,管理者需要从以下几个方面去做:在相应岗位上设定具体任职目标(每年递增);任职期间内要为部门主管提供合理化建议;有建设创新团队的设想和能力;有较高的专业水平且创新能力强;敬业精神佳且年富力强。以上五个方面中的前两个为考核条件,后三个为选拔条件。部门领导首先按照选拔条件选聘责任者,然后按照考评条件进行聘期考核,对没有达到条件者除扣除全部收益外,还要进行相应的名誉惩罚,从而给"小矮人"带上紧箍咒,在"小矮人"选择主动退出时,"弼马温"就具有了脱颖而出的机会。

"弼马温"管理思路的根本在于"武大郎开店",由于管理者的专业水平不够高,致使选拔自己的"亲信"时也就将目光集中在与自己多年相处的"小矮人"身上,以便自己在布置工作时达到一呼百应的效果。"小矮人"与"武大郎"组成的利益共享集团不但垄断着组织的权力,而且瓜分着组织的利益,部门却一直在低效中运行。因此,依靠部门内部的自我调整已经不能解决自身的问题,这就需要请"医生"给该部门把脉。这个医生就是高一层级的管理者(间接主管),部门管理者如果一直成绩平平,而下属员工对其评价又不是很高时,间接主管就需要直接插手部门管理,用高水平的管理者替代部门主管,于是"武大郎"和"小矮人"同时被赶到角落,"弼马温"成为部门组织的核心下属,在岗位责任与利益实现对等的同时,"弼马温"的行政形象在成员中得到认可。

设立"弼马温"一职的目的虽然不是为了具有一定收益的职位权力,但是这样的职位确实可以让更多的人按照自己设计的组织发展轨迹进步,从而在为所有下属带来收益的同时谋得组织的整体发展。因此,"弼马温"所需要的"阳光"只有高一层的间接主管才能够给予,作为直接主管的"武大郎"由于自身狭隘利益的驱使将永远不会将"弼马温"放置在光亮之下。

第 **8** 部分　**妙用四两拨千斤:**

管理技巧

为了充分调动组织成员的积极性,管理者需要掌握一定的技巧,能够在既定制度基础上做灵活的变通,于是要求管理者要掌握较为丰富的管理方法和管理艺术。管理方法和管理艺术是管理学的重要组成部分。管理方法是指在实现预定目标的过程中管理者解决实际问题的基本方法和途径,是管理者在管理中必须遵循的实践规律和原则。在实践中存在着两种对立的管理方法:实事求是的方法和主观主义的方法。主观主义方法的问题主要表现在:做事凭借主观意愿;片面执行上级指示;工作方式因循守旧;工作态度强硬粗暴;擅长作表面文章;忽视下属员工的意见。与此相反,实事求是的管理方法则强调:注重客观实际;考虑问题全面;具有开拓创新精神;做事认真细致;充分尊重群众意见。

管理者为了在管理中事半功倍,就需要巧用管理艺术。管理艺术表现为管理者创造性地运用已经掌握的科学知识和管理方法处理管理中出现的各种问题,在处理问题的过程中充分体现管理者的智慧、学识、胆略、品格、能力。管理艺术至少应该包括如下几个层面的含义:建立在管理者个人素质的基础上;与实践密切联系;管理者具有很强的创造性;管理者处理问题灵活;以处理工作中的复杂矛盾为职责。

激发员工创造热情：山泉的愤怒

山间的泉水慢慢地向前流淌，虽然前进的道路非常崎岖和狭窄，但它非常满足，因为它所经过之处都有赏不完的美景，所以它非常欢快地一边唱着歌一边向前方流淌着。在行走过程中虽然小鸟、小鹿、黄羊等都曾经向山泉问起是否因为自己的发展空间狭小而感到委屈，山泉的回答是"我很高兴"。山泉一路走来，途中经历了沟沟坎坎，确实非常不容易，但它的内心是非常快乐的，而在自己所经之处也给他人带来了快乐。

有一天山泉拐过一个山脚，突然看到一个瀑布，瀑布从高处落下，一泻千里，瀑布的伟大让山泉感到自己非常的渺小，尤其是瀑布那气势磅礴的吼声更是让山泉心惊胆战。山泉感觉到自己在瀑布面前无地自容，于是从心底感觉到了一点委屈：自己如此辛苦却总是在这样默默无闻地流淌，而瀑布相比之下却如此的宏大。

于是山泉开始埋怨大山的偏心："为什么将瀑布做的那样宏大，而将自己做的这样渺小！"山泉的嫉妒心理使其发誓要离开大山的怀抱，但是连绵不断的山脉使得山泉离开大山的念头几乎是天方夜谭。但是每每想起瀑布的雄伟都会增添其向前奔涌的勇气。山泉不再像先前那样迈着小步缓缓行进了，而是几乎以奔跑的速度向前冲。终于有一天山泉面前呈现出了大海的景象，山泉想到自己马上就要脱离大山并成为大海的一员了就非常高兴。山泉融入了大海后尽情地发泄着其在大山中被束缚的怨气，用一阵阵巨浪敲打着岸边的岩石。这时的山泉早已忘却了瀑布的伟大，因为在大海面前，瀑布的"恢弘气势"就显得小巫见大巫了。

山泉在没有见到瀑布之前过着逍遥自在的生活，而且心情非常愉快，自己的愉快也给他人带来了愉快。但在看见瀑布之后，一切都改变了，山泉感觉到自己的渺小和瀑布的伟大，在嫉妒之余感觉到大山对自己的不公。于是山泉将自己的这种怨恨付诸行动，打算挣脱大山的怀抱并以此来显示自己的力量，便开始不知疲倦地奔跑。当山泉融入大海后就感觉到了自己的伟大，开始感觉到了满足。山泉经过自身的努力最终实现了自己的愿望，为自己目前的宏伟雄大而感到非常欣慰。没有奋斗就不可能有成功。在遇到挫折时，单纯地埋怨或者将错误全部推脱到其他人身上是没有多大用处的，将这些力量转化为激励自己奋斗的决心才是正确的选择，山泉在这方面做出了正确的选择。

在一个组织中，各成员的素质有很大的差异，同时不同成员从组织的发展中得到的收益也有很大的差异。当所有成员都没有感觉到其他成员比自己有更为出色表现的时候，那么自己仅取得一点成绩就会沾沾自喜。但是等到发现自己身边的成员比自己有更为出色的表现后，自然内心会不平衡。尤其是知道身边的成员由于其素质较自己更加优秀而能够得到较高的收益的时候，不免就会产生嫉妒心理。应该说，在一个组织中没有嫉妒心理是不太正常的。管理者的责任就在于通过适当的方式将被管理者的这种嫉妒心理转变为谋求自身发展的动因，通过改变自身的品质从而增加竞争力，就像故事中的山泉由原来的缓缓漫步转变为一路奔跑一样。组织中待遇较低的员工或者崭露头角较少的员工不应该单纯地将怨气撒在制度层面，自身的综合素质成为其发展的瓶颈也是应该考虑的。

在一个组织中，像山泉似的员工应该占大多数，这些人开始的时候会臣服于组织中的既定制度，但随着时间的推移，开始感觉到自己受到了不公正的待遇，就会像山泉感觉到大山对自己的不公正待遇后一样，开始有怨气，即开始对组织中制度的不合理性产生质疑，并以自身的行动开始反抗这种不合理的制度。所有的这一切都源自于山泉似的员工对周围世界有了更多的了解。

这些山泉似的员工在不知道自己周围世界的时候并不觉得自己的做事方法有什么不妥,但当发觉身边的世界的时候开始觉醒。于是本来非常平静的心情开始有起伏,因此是外面的世界让山泉有了更多的愿望。管理者需要给员工创造更多的条件使其了解外面的世界,不是通过成员之间的恶性竞争而是通过员工与组织外面的世界相比较产生较大的心理落差,从而对员工产生更大的激励作用。同时应尽量创造各种可行的条件加强对员工技能的锻炼,培养员工自我创业的雄心,使员工在实践中积累经验,为将来的成功打下良好的基础。管理者最好对不同的员工进行类型划分,并有针对性地实施管理和有针对性地采取切实可行的措施。

善于表扬下属：鸭子露出两条腿

　　古代某个王爷过着非常奢华的生活,他的手下有很多厨师专门为其做饭,其中有一个厨师做的饭非常好吃,其烹饪技艺已经无人能敌,王爷也因此感到非常自豪,有亲戚朋友前来总是让该厨师做饭款待。厨师做饭虽然很好,但王爷从来没有对他有过任何赞许,为此该厨师感到非常不高兴。这一天,王爷又有朋友来访,王爷让厨师做了很多菜,其中特别吩咐他烹制一只烤鸭让客人品尝。该厨师当然很高兴,于是按照王爷的吩咐烹制了其最拿手的烤鸭。但是王爷用筷子夹了一条鸭腿给客人后,怎么也不能找到另外一条鸭腿,便问厨师:"怎么没有另外一条鸭腿?""鸭子只有一条腿呀,您已经夹了一条鸭腿,自然不能找到另外一条鸭腿!"王爷感到很奇怪:"鸭子都是两条腿,怎么会只有一条腿呢?"王爷心想:你不会是将另外一条鸭腿偷着吃掉了吧。厨师看出了王爷的心思,便说:"王爷不信可以到后院看看,咱们家的鸭子都是一条腿。"王爷将信将疑,随着厨师来到后院。当时正值夜晚,鸭子都在睡觉,每只鸭子都只露出一条腿。王爷看后面带微笑:"另外一条腿已经缩到了羽毛中了,所以看不见。"厨师说:"是呀,怎么才能够让其将另外一条腿露出呢?"王爷不慌不忙,轻轻拍了一下手,鸭子听到了响动马上露出了另外一条腿,双脚站了起来。王爷笑道:"你看,所有的鸭子都有两条腿了吧!"厨师说:"对呀,只有拍手后另外一条腿才能露出呀!"王爷突然意识到了什么:厨师多年来在工作上一直兢兢业业,而自己却对厨师没有任何表扬,实在有些对不起他呀。于是王爷对厨师会心地一笑,随客人一起走进了客厅。

厨师虽然工作兢兢业业，但并没有得到王爷的直接表扬，于是厨师感到非常失落。厨师具有让王爷直接对自己进行表扬的强烈愿望，而王爷偏偏不能做到这一点。因此，在王爷与厨师之间存在信息不对称。厨师为了让王爷感觉到自己的心思才演绎了故事中出现的一幕。应该说厨师的做法没有什么不妥，只是主动向王爷邀功有些不符合常人的思维习惯，但这也是厨师的无奈之举。王爷虽然对厨师的工作非常满意并且还每每在自己的亲朋好友面前让厨师显示手艺，但他从来没有感觉到厨师在为王爷挣得面子的过程中付出的艰辛。王爷为了让厨师感觉到他对其工作的认可，应该对厨师有直接表示，以便让厨师在所有的佣人面前更有面子。厨师在后继工作中的付出是以王爷对其工作的认可和嘉奖为前提的。

王爷代表了管理者，厨师则代表了员工。员工虽然是为了自己的生存而工作，但在工作中也需要付出情感。管理者有责任培养员工的这种情感，这种情感的培养是以管理者对员工工作的认可为前提的。按照故事中的情况，王爷只知道让厨师努力劳动并以其高超的手艺为自己在亲朋好友面前挣得面子。厨师所感觉到的是自己的出色工作没有得到王爷的赏识，自己努力工作与其他人没有努力工作得到的待遇是一样的，这会使他在以后的工作中失去动力。因此，管理者对自己的下属适时地进行表扬是应该的，这是管理者的责任、义务，只有这样，下属才会有工作的动力。

管理者对下属进行表扬，不但会使得自己的下属感到非常有面子，而且可以在整个组织内部建立健康向上的、为组织发展作贡献的氛围。管理者可能对一句不经心的表扬并不是非常看重，但这是对下属工作的认可，下属会因此与管理者间建立亲密的感情。管理者对自己的下属进行表扬不能轻描淡写，哪怕是一件非常小的事情，也要非常郑重地对其提出表扬，因为这表示了其对下属的尊重。同样是一个表扬，在不同的场合，用不同的语气进行表达，给下属留下的印象是不同的。下属更加倾向于管理者用非常正式的方式表达对其工作的认可。管理者采用的方式越正式,下属越有荣誉感。当采用物质的方式对下属进行表扬的时候,要通过合适的物质数量来进行表达。当员工的贡献不是很大而给予非常重大的物质奖励时,有小题大做之嫌;而在员工作出了重大的贡献时,却给予非常轻微的奖励进行表示,则员工就会觉得受到了欺骗和愚弄。管理者对自己的下属进行奖励,不仅要讲求形式、场合,而且要把握好时机,时机把握不当也会让员工找不到应有的感觉。故事中的厨师其实一直在等王爷对其进行正面的奖励,王爷在吃着厨师给自己做的大餐而感到欣慰时,不能只通过自己的表情来表达对厨师的赞誉,还应该使用语言和行动(就像用击掌的方式惊醒鸭子一样)。当然,王爷对厨师的奖励最终还是要落实到物质报酬上来,否则厨师会认为王爷太过虚伪,不能落实到较体面的物质奖励上来的"空头表扬"会让厨师同样有被愚弄的感觉。

管理者对下属的奖励实际上就是对下属的激励,通过这种奖励让下属看到哪些是自己应该做的,哪些是不应该做的。管理者对自己的下属进行的奖励往往并不需要过多的投入,仅仅是一丁点儿表示就可以换来下属百倍的努力。从这个角度而言,管理者对下属的奖励是一本万利的。既然可以从中得到如此大的回报,管理者为何不在这个方面留心呢!管理者给下属奖励时不要太过矜持。"你给员工一滴甘露,会换来员工给你鲜花盛开,你会在此期间享受到满园馨香。"

激励的目的在于充分发挥人的主观能动作用,从而提高组织进步的效率。在人们的最低生存要求得到保障后,就需要通过更为有效的方式对人们的行为进行激励,以达到组织发展的预期目标。激励的方式不是一成不变的,随着社会经济环境的变化,激励的方式也应该发生变化。在激励作用于对象时,应该按照如下要求进行:职工的工作积极性与组织的目标相吻合;全方位调动职工的积极性；激励方法应该能够较稳定地对员工发挥作用。为此，管理者在施加激励措施前就需要认真了解员工的需求，只有需求与员工相对应时才能更好地激励员工行为与组织目标相吻合。需求是人们工作积极性的本源，需求是人们的内心状态与周围环境的不平衡状态的反映，激励的目的就在于逐渐消除这种不平衡状态。在对众多个体实施同样的激励措施时要辨证施治，这样往往会达到意想不到的效果。

管理者务正事：椅子没有靠背

　　麦当劳是家喻户晓的企业，但这样的企业也是从一个小企业做起来的，这期间老总的思路时刻影响着麦当劳的发展。麦当劳的老总克罗克作为管理者有一个与其他管理者不同的生意经，即不要整天坐在办公室里。克罗克的大部分时间用在"走动管理"上。克罗克认为作为管理者应该到企业的各个部门多走走、多看看，向员工了解问题并集思广益地想办法解决这些问题。麦当劳的发展史上也曾经出现过管理危机，后来经过调查发现，出现这种管理危机的主要原因在于各个职能部门存在严重的官僚主义，这些管理者习惯于整天在办公室里指手画脚，舒舒服服地靠在椅背上"吞云吐雾"，将很多宝贵的时间都浪费在了闲聊上。为了改变管理干部纸上谈兵的工作恶习，克罗克出了一个大家普遍认为是发神经的"奇招"，即将所有的经理的椅子靠背锯掉。克罗克的这种做法遭到了很多人的反对，甚至有很多人认为克罗克是疯子。但是在随后的一段时间中大家终于理解了克罗克的良苦用心，这些经理不再整天坐在办公室里侃大山了，而是走到一线去处理问题，麦当劳的经营业绩也因此稳步提升。

　　克罗克将部门经理的靠背椅的靠背锯掉，这实际上只是一种形式，让大家从办公室中走出去，了解管理中需要解决的问题并及时处理这些问题，这是管理者应该且必须做的。但是在管理实践中往往都会发生这样的问题：普通员工在升任为管理者之后，考虑问题的前提和思维方式会发生很大改变。管理别人者会拥有更多的权力,在发号施令过程中会滋生更多的官僚主义倾向,从而在处理事情的过程中就不会更多地顾及实际情况。由于管辖范围内问题复杂多变,并且处理事情的复杂程度往往会比想象的要复杂得多,因此这些管理者在刚一上任的时候可能还会有一些工作激情,到基层去问这问那。但是随着时间的推延,他们逐渐感觉到了做管理者的风光,会想在下属面前展示自己作为管理者的姿态。签字、打电话、喝茶水、抽烟、聊时事政治就成为了这些管理层的全部。

这些管理者将工作精力主要用在相互之间拉关系上而不是处理基层出现的问题上。管理者的主要职责于是由"理"演变为"管",由于不能解决实际问题而严重流于形式。坐在办公室里漫无边际地闲聊就会使得管理工作变得飘若浮云,如果成为所有管理者的行为倾向,则很多经理就将管理工作完全演变为嘴皮子文化,不注重解决实际问题,企业的发展自然会受到影响。管理者长期不深入基层,不知道普通员工的所想和所急,在员工面前讲话就会让人感觉到是在隔靴搔痒。普通员工会认为管理者在管理位置上作秀。不务实际的管理文化逐渐会在企业内部蔓延,以致会形成"四拍"型的管理者:拍脑门,做事情心血来潮,没有经过周密的论证,而是拍拍脑门就开始做事情;拍胸脯,敢为已经选择了的事情打保票,拍着胸脯说肯定没问题;拍大腿,当事情出现问题时开始感觉有相当关键的事情没有考虑在先,拍着大腿叫苦不迭;拍屁股,遇到的事情实在没有办法处理,感觉已经无力回天,只能拍屁股一走了之。"四拍"型的管理者不但有损自身的领导形象同时也为组织造成了很大损失。

管理者的责任不在于显示自己的管理权威,而在于借助自己的管理权威为组织的发展谋福利。以人为本和以组织发展为本的管理自然就会使得管理者在广大的员工中间树立好的形象。只有良好形象的管理者才能够很好地与组织成员进行交流,从而达到组织的管理目标。克罗克只是将经理们的椅子靠背锯掉了,座椅没有了靠背管理者就不会非常悠闲地倚靠在座椅上聊大天。应该说这只是在形式上完成了第一步,要想真正地让这些经理们从靠背椅中走出来还需要严格的管理制度。让管理者知道自身也是被管理的对象,否则管理者就会坐在太师椅上养尊处优,每天只是进行一些不切实际的发号施令。这样的管理层即使没有了靠背椅同样还是会做出有靠背椅的事情。克罗克首先在形式上完成改革,下一步需要做的就是让这些管理者真正离开自己的靠背椅。让这些人知道真正的靠背椅不是自己的座椅,而是所有的组织成员,只有这些人都努力按照部门管理者的命令行为自己了,才会使得组织发展如火如荼。

　　舒服地躺在靠背椅上进行管理的管理者自然不愿意从靠背椅中走出来,这就需要高层管理者雷厉风行,具有打破传统思维方式的勇气。当克罗克将靠背锯掉的时候招致了所有利益相关者的不满。但这些人实际上不知道,如果总是舒服地躺在靠背椅上乱管理,这会严重损失企业的利益。当企业的发展走下坡路时,这些官老爷就真正没有靠背椅坐了。等到连自己的薪水都不能拿到时,还会有谁坐在靠背椅中闲谈呢?居安思危的忧患意识是高层管理者应该具备的素质,而正是这样的素质往往会招致中层或者基层管理者的不理解。但是这些都无所谓,只要高层管理者的管理措施能够让所有的组织成员长期受益,管理者的行为就会被理解,并且会有越来越多的人真心追随在高层管理者的身边。人性天生懒惰,在舒适安逸的环境条件下会更加滋生这种惰性,在舒适安逸的环境下工作肯定不会有好的工作效率。管理者多深入基层走动走动,就会了解更多的知识与信息,在及时处理各种问题的过程中不断增长管理者的才干并强化员工的首创精神和士气,促使组织高效发展。

行动胜于说教：宰相论教子

"猪向前拱、鸡往后刨"，这是大家比较熟悉的民间俗语。实际上，"猪的后代会向前拱，鸡的后代会向后刨"的本领并不是猪或者鸡有意要教其后代的。只是猪和鸡的后代总是看着自己前辈们的动作，久而久之也就学到了这样的本领。在动物的求生本能上身教重于言教得到了最好的体现。人的成长也是这个样子，一个人在一个环境中生活，久而久之就很自然地融入了身边的环境，自己说话的语气、眼神、动作、思维方式等与身边的人都具有很大的相似性。一个小孩生下来不需要自己的父母教其说话的口音，时间长了其说话的方式自然会像自己的父母。古代有一个宰相的妻子非常重视儿子的成长，每天非常辛苦地教儿子读书，并教导儿子做人的道理。宰相却每天忙于上朝处理公务，晚上回来后就忙于看书，妇人对宰相就开始埋怨："我每天非常辛苦地教育儿子，你却整天忙自己的事情，把儿子耽误了怎么办呀？你也应该腾出一些时间来好好教育一下儿子呀。"宰相对妇人的埋怨却一点也不着急："我每天这样繁忙并且非常认真地对待工作，这分明就是对儿子的教育，还用我一点一点地向儿子传授吗？"

宰相的说法非常有道理，"身教重于言教"在这里得到了体现。宰相并没有像妇人那样对儿子严加管束，也没有给儿子灌输更多的大道理，而是用自己的行动给儿子做出样子，让儿子从自己的行为中体会作为一个有抱负的人应该怎样从日常生活中的点滴小事约束自己。作为一国的宰相必定是在各方面都有卓越的才能，所以宰相身上应该有很多非常优秀的品质值得儿子学习,这些优秀品质是什么以及应该怎样学,宰相认为无需对儿子进行说教,在他的日常行为中就能够逐渐体会出来。在这一点上宰相与夫人存在着很大的分歧,夫人看来是个急性子,而且比较注重形式。她认为只有对着儿子一板一眼地进行说教才是教育,而像宰相这样用行为给儿子树立榜样就不能体现出对儿子的负责任。因此夫人注重的是形式而宰相注重的是内容,这就好比在男人和女人逛街这件事情上,男人和女人的心态是不一样的。

男人一般是想好了买什么之后才到商场里买东西,买完后马上就走,通常采取速战速决的方式,购物效率非常高。女人与男人相反,一般是事先不会想好买什么,而是到了商场中后才做出临时决定,看到什么好就买什么,也可能转了半天什么都没有买到。但是逛街半天之后男人和女人的心情是不同的。男人觉得非常累,而女人觉得非常兴奋。因为男人逛街的目的是为了买东西,但最后没有买到,因而会感到非常泄气。而女人的心情就在于购物的过程之中,无论最后买到东西与否,心情都一样非常好。就像前面所说的一样,男人注重内容,而女人注重形式。宰相与妇人在对儿子的教育问题上产生了较大的分歧,关键在于宰相注重内容而夫人注重形式。

一个管理者对组织中的成员也具有很好的榜样效应,如果管理者自身坐端行直,在履行相关规章制度的过程中能够身先士卒,这无形中就会对所有的组织成员起到非常好的教育作用。组织成员在触犯规章制度时就会有后顾之忧,通过思考后就会以管理者为榜样约束自身的行为,从而不会对组织中的其他成员甚至组织的利益造成负面影响。组织中管理者对被管理者的教育除了通过行政的方式在制度层面进行外,重要的还在于自身的行为,常言道"身正不怕影子歪",管理者的一言一行会在很大程度上影响组织中每个成员的行为。很多时候,管理者的思想通过语言方式并不能得到非常完善的表达,管理者自身的行为反而可以将其要表达的但很难被语言化的东西展示给组织成员，让组织成员感觉到只要这样做就是符合要求的，而不按照这样的方式做就是不符合要求的。因此，管理者为了达到一定的管理成效，往往会通过在成员中树立榜样的方式对全体成员进行教育。

宰相教子的方法虽然从理论上讲是可行的。但在强调宰相注重内容的同时也不能全然放松对教育形式的加强。因为在宰相用自己的行为教子的过程中有一个假定，即儿子愿意效仿宰相的言行。但是如果儿子对宰相的言行并不是非常感兴趣，这时宰相通过行动感化儿子并希望达到教育的目的就很难奏效，所以夫人的着急是有道理的。虽然夫人的教育方法过于注重形式，但这种形式对于宰相所要求的内容是有很大帮助的。宰相的行为举止、谈吐风貌等可以被儿子所效仿，但考虑问题的方法、处理事情的技巧以及在长期学习中自己所掌握的知识等都是从外在方面所无法看到的。这些内在的东西还是不能单纯地寄托于行为教育，需要宰相坐下来与自己的儿子推心置腹地交谈，这样儿子的收效会更大。

权变管理：上善若水

　　水有固态、气态和液态三种形态。液态的水能够滋养万物而不与其争锋，甘于屈尊万物之下。《老子》里也有相关的内容："上善若水。水善利万物而不争。"水性柔顺并且明可照物，液态水具有巨大的可塑性，能够适应任何形状并且改变自己的形状，以自己的毁灭为代价滋养了万物的生长，不求任何回报。水以气态的方式存在时，能够在无形之中滋养万物，能够在自然的力量下周游世界，流动到最需要得到它的地方。当水以固态的方式存在的时候，一改液态状况下的柔顺而呈现出坚忍不拔的特征。水虽然是非常柔顺的东西，但也是柔中带刚，具有自身非常坚强的一面。水具有耐力，能够千百年内按照不变的定律行为自己，所以能够达到水滴石穿的效果。从山泉中涌出的泉水，无论其前面的道路如何，都要遇沟过沟，遇坎过坎，百折不挠，勇往直前。

　　水能够做到川流不息，毫无懈怠地一直向前，直到最后一滴水用完为止。在遇到大的水坑的时候，水需要以自身的实力将其填满，然后继续前行。前面的水虽然作为后面的水前行的基础，但前面的水毫无怨言，不同部分的水之间的这种团结协作精神使其能够做到战无不胜，无坚不摧。水能够不惜牺牲自己，用自己的清白洗涤世间的污浊，在无私地完成这样的工作的时候却无声地离去。水虽然具有很多这样的品质，但如果不能很好地利用，就会给人们带来灾害。洪水肆虐、洪水泛滥等也都是水的如上品行的再现，只是在人类所不需要的时候和不需要的地方出现了，以致在水的强大实力下工厂、家园全部被毁掉。因此，水虽然具有很多优秀的品行，但也需要对水的这些品行进行规范，使其按照人们的意愿行为自己。在这样的情况下，水就可以为人们发电从而促进经济发展，也可以静静地睡在湖泊中从而成为游人徜徉其间的美好场所。

《老子》在讲水的品质的时候，实际上是在讲一种处世哲学。人们要有水一样的品质并且具有较好的可塑性，能够适应各种成长环境，不仅能够在安逸的环境中生存，而且要学会在逆境中成长的技巧，只有这样才能够把握更多的成功机会。管理也是这样，作为一个管理者或者被管理者都应该具备水的优秀品质，只有这样才能够为自己在组织中营造较好的成长环境。管理者在带领组织成员前进的过程中，会遇到各种困难，这时就需要管理者具有像水一样的耐力，充分发挥自己的聪明才智用于创新，发挥滴水穿石的精神。每一滴水之间都是紧密相连的，所有的水之间紧密相连才能够构成连绵不断的小溪并最终汇聚成汪洋大海。因此，管理者与被管理者要发扬水的团结协作的精神，能够不计个人得失，甘于为组织的发展作贡献。

但是在管理实践中往往会出现与上述情况完全相反的现象。管理者依托职位之便拥有更多的机会，并可以将这些机会转化为物质利益。"不求无功但求无过"成为一种重要的管理文化，在没有足够创新精神的情况下，有谁愿意充当奔涌的溪水的前锋？这些冲在最前沿的水总是要被碰得头破血流的。组织中的管理者理应冲锋陷阵，但是在明哲保身的管理文化下就不会有更多的管理者冲锋在前，更多的管理者就会将自己的角色定位于坐在办公室中发号施令，好事由自己享受，而有风险的或者需要更多付出的事情则由他人承担，更多的管理者就会变成拈轻怕重的人。并且，当下属有了较为突出的成绩的时候，他就会用各种方式将这种成绩与自己的领导才能牵连在一起，从而牵强附会地将下属的成绩演变为自己的成绩。

在这种情况下，被管理者永远不会多做一点不属于自己职责范围内的事情，即使是自己的分内之事也要"悠着点"工作。因为大家的思维前提是：既然管理者都求自保，那么被管理者也自然可以求自保。当用个人观念取代了集体观念之后，组织中的成员都会害怕自己的劳动被其他人占有，因此每个人都会尽量的少付出，自私自利的行为就会在组织的发展中占据了主导地位。特别是让组织成员牺牲自己的较大利益而换取组织的发展的时候,人们就会将利益的天平倾向于自己。没有人会成为冲锋在前而被礁石碰得粉身碎骨的"水"。作为组织管理者直接下属的中层管理者也会出现这样的思维倾向。在有利可图时,中层管理者就有可能在高层管理者面前趋之若鹜,而让这些人冲锋陷阵时就会退避三舍。名义上的高层管理者就会成为组织中的"孤家寡人"。

上善若水不但是做人的准则,也要成为管理企业的准则。管理者的身份在一定意义上首先是作为个体的人,然后才是管理者。俗语说得好:"先学会做人,然后才能很好地做事。"管理者如果没有上善若水的品质,就不能期望其作为管理者时具有优秀的管理素质。作为个人而言,不具有上善若水的品质,最终受到影响的仅是个人。但是作为企业的管理者就有很大的不同了,其产生的影响将是组织中的所有人。组织成员的行为是管理者行为的影子,管理者对其下属不负责任,则下属对其管理者也会不负责任。相互不负责任的组织成员之间很难形成较好的默契,组织就会名存实亡,人心思散就会成为组织发展的重要障碍。

贤良助手：成功男人的背后

唐太宗成功地治理天下，除了手下的文臣武将发挥了重要作用外，还与其妻子长孙皇后有很大的关系。长孙皇后正直善良，对太上皇李渊的侍奉无微不至，同时对后宫的妃嫔也一样表现出宽容和大度，并非依托自己的地位而争得李世民的专宠，而是每每劝说李世民要公平地对待每一位嫔妃。长孙皇后以自己的品行感染着后宫的嫔妃，使得后宫井然有序。后宫和谐的气氛使得李世民能够安心地处理国事。长孙皇后不但能够很好地与其他人相处，而且在日常生活中也能够严格要求自己。出身显贵的长孙皇后一直尊奉着非常简朴的生活方式，日常饮食严禁铺张浪费。其朴实的生活作风很好地附和了李世民励精图治的治国政策，不仅为后宫而且为整个国家的百姓做出了表率。

长孙皇后几乎在各方面都表现得非常优秀，这些出色的表现还要归功于其过人的才智。一次唐太宗回到后宫非常生气并且非常激愤地对长孙皇后说要杀掉魏征。长孙皇后问清楚了原因后，并没有多说什么，而是径直回到后宫穿戴好礼服后又回到李世民面前，非常严肃地对李世民说："恭祝陛下。"李世民对长孙皇后这突如其来的行为感到莫名其妙，非常疑惑地问长孙皇后"祝贺"的原因。长孙皇后说："陛下刚才是因为魏征对你的直言生气，这说明魏征是真心辅佐陛下的，魏征是个典型的直臣，只有面对明君时才敢有直臣这样说话，所以通过魏征的言行可以断言陛下是个明君，所以向陛下祝贺。"长孙皇后的话不但使得李世民非常高兴，而且还为李世民保住了一位重臣，李世民的义愤填膺也就烟消云散了。

　　婚姻对于一个人的成长非常重要，成功的男人后面都站着一位伟大的女性。李世民的成功固然有很多精兵良将的功劳，但长孙皇后的作用也不可忽视。如果长孙皇后看到李世民怒气冲冲之后，没有上面的表现，反而添油加醋，进一步夸张魏征的不是，魏征被斩固然不在话下，而李世民也会因此失去一位重臣。妻子与丈夫朝夕相处，因此妻子的思想会在很大程度上影响丈夫的行为，在关键的时候妻子如果纵容丈夫的错误行为，往往会使丈夫错上加错。夫人会因为丈夫的高贵而感到荣耀，而夫人在感到荣耀之余还应为丈夫的事业分担一些责任，这就包括了甄别丈夫行为是否正确。能够用巧妙的语言化解丈夫在工作过程中出现的问题，不但能够及时消除丈夫心中的怨气，而且能够使得丈夫管辖下的组织保持和谐氛围。作为管理者的丈夫由于工作繁忙或者情绪不稳定等原因很可能在工作中出现一些失误，夫人的责任在于及时舒缓丈夫心中存在的怨气，并通过委婉的方式转移、化解矛盾，使得企业保存实力并树立丈夫在员工中的良好形象。

　　"后院"的女性虽然不掌握管理权，但是在影响丈夫施展管理权的过程中会产生很大的影响。因此，好官的背后需要有一位贤惠的女性，但不贤惠的女性会使得丈夫在职业生涯中困境重重。貂蝉也是一位女性，但在不同的男人后面都充当着挑拨是非的角色，这样的女性不但不能帮助男人成功，而且还会成为男人走向成功的拦路虎。由此看来，一般的管理学理论只是重视了管理者的前台行为，而后台行为并未引起重视，这也许是造成诸多组织在管理中出现问题的重要原因之一。管理实践中不仅需要通过制度层面加强对管理者自身的约束，而且还需要特别重视管理者背后的"长孙皇后"。

　　具有先见之明的管理者会通过培训的方式或者其他各种可行的方式在公司中建立"长孙皇后"的档案库，对这些幕后人进行品行方面的教育，使得这些人能够在其丈夫的职业生涯中起到很好的帮扶作用，而不是起到"拦路虎"或者"绊脚石"的作用。"长孙皇后"虽然不直接参与企业的日常经营管理，但其可以通过与丈夫的亲密接触了解公司的很多大事，自觉或者不自觉地介入公司的管理。"长孙皇后"们的聪明程度各有不同，有些人可能会在公司利益的引诱面前刚直不阿，有些人可能会利用职位的便利为自己谋得一些小利。李世民在生气的时候，长孙皇后并没有当着李世民的面对魏征讽刺挖苦，这在一般人看来似乎长孙皇后没有站在李世民的这边，但是长孙皇后所看重的不是解李世民一时之气，而在于国家发展的长远大计。

如果每个管理者的身后都站着这样一位通情达理、贤淑智慧的女性，男人在外面闯事业的过程中就会少犯一些错误。她们不但会及时纠正男人们已经或者正在犯的错误，而且还会使他们的目光更加长远。因此，从诸多方面来看，在组织中建立起对管理者后面的"长孙皇后"的教育和约束制度非常必要，企业可以适当地对这些"长孙皇后"设置定时地或者不定时的回报，从而将"长孙皇后"对丈夫的责任心制度化。

经营下属：欲善其事，先利其器

古代齐国有一个猎人打猎，花费很多时间还是一无所获，这个猎人觉得自己非常没有面子，不仅愧对家人，而且还没有办法与邻人交代，因为自己在打猎之前已经在自己的邻居面前夸下了海口。但这个猎人非常努力，每天翻山越岭地寻找猎物，兔子、小鹿、黄羊等都不时地出现在自己眼前。每当遇见猎物时，猎人不但赶紧驱赶猎狗奋力追赶，而且自己也会紧紧尾随其后，但所有的努力都是徒劳，像样的猎物从来没有抓到过。经仔细考虑，他意识到自己没有收获猎物的原因时发现并不是猎物不够多，而是因为这些捕获对象的奔跑速度太快，相比之下自己的猎狗的奔跑速度太慢了。因此，猎人终于感觉到精良的猎狗对于自己捕获猎物的重要性。猎狗的速度提不上去，即使见到好猎物时也捉不住。打猎的收获相对于种田而言更高些，但由于没有好的猎狗还是不能实现自己的愿望。猎人经过很长时间的考虑，决定还是先放弃打猎的念头，回到田间劳动，通过经营农作物换来更多的收入后买到一只较好的猎犬，这时就可以凭借这只骁勇的猎犬帮助自己得到更多的猎物了，更多的猎物很快就会补偿自己购买猎犬的付出。

故事中猎人的想法是非常正确的。可能在最开始的时候猎人并没有感觉到猎狗的重要作用，以为只要自己有一副好身板并且依仗弓箭就会有好的捕猎收成，但是每每遇到捕猎时自己都不能很好地把握住机会。没有趁手的捕猎工具是猎人没有很好的捕猎收成的重要原因。临渊羡鱼不如退而结网，磨刀不误砍柴工。在事实面前,猎人终于学会了选择放弃。猎人的暂时放弃是为了今后获得更多的回报。不懂得放弃就不会有更多的收获。放弃的原因是感觉到了自己的不足,与此同时懂得放弃就说明正在寻找补救自己缺陷的方法了。猎人每天都在为猎物的事情而苦恼,虽然自己整日非常繁忙,但内心感觉非常空虚,因为自己整日在扮演着劳而无获的角色。猎人在长期的失败中找到了自己失败的原因,为了捕获更多的猎物,猎人将解决问题的重点放在了购买猎狗这件事情上。在这里猎狗成为了猎人工作效率提升的关键。为了买猎狗就需要攒钱,猎人攒钱的唯一途径就是将地种好,等到自己有了好的收成后,就可以用换来的钱购买好的猎狗了。

猎人为了得到更多的捕猎成果而回到田间劳作需要费很多的时间,乍一看并非明智之举,但这样的过程正是猎人在磨剑。相比猎人的做法,企业中的一些管理者就不太懂得这样一个非常浅显的道理了。急功近利的做法比比皆是,为了在短时间内求得更多的财富,不惜在产品的质量上作文章,偷工减料或者偷梁换柱,进而伤害消费者的行为处处存在。当消费者到饭店吃饭时遇到的是地沟油做的食品;当消费者到药店中买药时买到的是假药;当消费者到商场中购买电子产品时遇到的都是山寨版;我们吃的蔬菜中有更多的农药残留;喝的水中含有较多的重金属元素。商家在做这些事情的时候无非是想用较少的投入获得较多的回报,但这种行为实际上是以整个社会的诚信的缺失为代价的。贫穷的人想一夜之间富起来,不是通过努力拼搏的途径而是通过巧取豪夺的方式将他人的财产转移给自己,这种做法虽然可能使自己富裕起来,但这样的富裕只是一个空架子。没有掌握一技之长,没有掌握长期得以谋生致富的手段,最终还会使自己曾经比较"辉煌"的事业慢慢地坍塌下来。急功近利的思想使得更多的人不会静下心做点事情,而是热衷于在"骗术"上作文章,用自己的小聪明来蒙骗社会。

著名管理学家德鲁克曾经说过,企业唯一有效的目标是创造顾客,即首先要抱着为消费者服务的态度生产消费品,首要的目的不是为了赚钱。但要达到这样的目的就需要企业家静下心来做些什么。就像故事中的猎人一样"退而结网",包括严格改善企业的管理制度,锤炼企业的生产加工技术,强化所生产产品的含金量,打造消费者真正需要的产品等。管理者如果想真正做到这些,不是一天两天就能够做到的。管理者需要从最微观的地方做起,细微之处见质量。就像一个名牌产品本身不只是一个名字或者商标那样简单,因为在这个名牌商标的背后饱含了管理者以及企业的员工共同奋斗的历程。

组织中的所有成员都需要从一点一滴做起,为打造这样一个知名品牌做自己力所能及的事情。提高产品的知名度不是一蹴而就的,即使产品的含金量已经很高,还需要通过宣传并让消费者接受,通过百姓的口碑来成就这样一个知名产品。只有工夫深,才能将铁杵磨成针。企业发展和产品的制造需要"吃得苦中苦",然后才能苦尽甘来。也许故事中的猎人需要在田间耕作一年甚至两年,才能用其积蓄换来一只不错的猎狗,这个创业的过程是非常漫长的。在市场经济社会中,人们往往更多地关注其他人的成功,殊不知这人在成功的背后已经经历了"十年寒窗"。一个新"状元"的出炉需要其在日常学习中对每一个标点符号、每一撇一捺的认真"修炼"。在趋向目标的每一步行走中,都有可能遇到艰辛,但只要管理者下定决心,就能够给整个组织创造辉煌的未来。

看到员工的优点：一分钱中体现的智慧

好吃、贪玩、不干活的孩子在父母的眼中总是坏孩子。但是透过"坏孩子"的所作所为应该看到其可取的方面，这是父母应该充分考虑的。有这样一个被认为是好吃懒做的"坏孩子"，父母非常希望这个孩子能够改掉不良的习惯，但是这个孩子丝毫没有改掉坏毛病的诚意。孩子虽然有些坏毛病，但从来都是通过正当的手段弄到一些小钱给自己买些喜欢的东西。当父母让他购买一些油盐酱醋等生活必需品的时候，孩子总是会想出一些妙招弄到一些零花钱。为了不让孩子算计钱，父母每次总是少给孩子钱，却让他办好交代的事情。

这天，父亲给孩子一分钱让孩子买油回来，父母的心思在于我看看你怎样买回一分钱的油，看看孩子怎样赚到这一分钱。孩子到了店里，将瓶子交给了售货员。售货员将瓶子装满了油后等着孩子付钱。孩子装模作样地在身上摸了一阵子，说在来商店的路上将钱丢掉了，并让售货员将瓶中的油倒掉，售货员没有办法只好按照小孩说的做了，然后将空瓶子交还给孩子。孩子用刚才父亲交给其的一分钱买了一块糖。孩子口里咂着糖回到家，将空瓶子交给父亲。父亲其实已经非常生气，正在要严厉批评孩子的时候，只见孩子将空瓶子倒过来，瓶壁上沾着的油慢慢流出来，差不多接了一小勺。孩子扬起稚气的脸对父亲说："您不要生气，一分钱只能买这么多的油。""你的嘴里是什么？"父亲非常生气。"我用省下来的一分钱买糖吃啦。"孩子边说边跑，孩子说话的那种神态简直是在向父亲挑衅。父亲对孩子没有办法，想一想也没有对孩子发脾气的道理，孩子已经完成了交代给他的任务，用赚取的一分钱买了自己喜欢的糖吃也并没有什么不妥，而且孩子在这中间也没有做什么有害社会的事情。

父亲对孩子严格要求自然非常正确,但要正确区分哪些是孩子的缺点,哪些是优点。如果孩子喜欢耍一些小聪明,在没有给其他人带来损失的情况下,不能将孩子的品行定义为坏毛病,故事中孩子的行为是通过自己的聪明才智赚取了一分钱。作为父亲在这种情况下不但不应该对孩子进行批评,反而应该对孩子的优秀品行进行表扬才对。父亲在对孩子的认识上存在误区,误将孩子的优点当成孩子的缺点,并下大力气进行遏制。父亲的这种做法很容易将孩子的创新力毁掉。当孩子在按照自己的天性做事,利用各种可以充分利用的条件满足自己的一些小愿望时,其实也在充分挖掘自己的聪明才智。就像故事中所讲到的,孩子居然能够想到利用瓶壁上沾着的油,虽然商店会受到一些小的损失,但这是售货员预料之外的事情。孩子具有这样的聪明才智,以后很可能会成为某方面比较卓越的管理人才。父亲如果能够正视孩子在这方面的天赋,并对其进行深度挖掘和培养,那么孩子的聪明才智就可以得到很好的开发。相比之下,父亲整天对孩子的"拙劣"行为而苦恼,并想尽一切办法对其进行围追堵截,孩子与父亲之间很容易形成对峙的局面。

当父亲在孩子面前扮演了一个独断专行的管理者时,孩子就成为了父亲手下不合格的"员工"。这个员工总是通过一些小计谋对父亲这个管理者的"命令"的执行进行掺水。管理者无论出台什么样的政策,这个员工总是会想出对策应付管理者,为此管理者会感到非常无奈。这种围追堵截的措施实际上并不能奏效,作为儿子这样的"员工"会对父亲的严厉管理进行各种方式的应付,这实际上就在父亲与儿子之间就形成了一种博弈。

父亲希望通过严格的管理制度对儿子进行约束,儿子却想通过各种妙招跳出父亲的管辖范围。在一个组织中,管理者遇到这样的员工就会感觉到非常棘手。实际上,员工的诸多表现已经表明其智商很高,而且远远超出管理者。在面对这样的员工时,管理者不应该总是以批评的态度对待,而是要通过巧妙的方法让这些员工的聪明才智得到充分发挥，并与组织的发展目标进行充分结合，这时管理者就会发现其在管理这些"聪明人"时不是很费劲，而且这些"聪明人"也可以光明正大地在众多的组织成员前面展现自己的聪明才智。

在管理者没有肯定的时候，这些成员的聪明才智只是为自己谋福利，而且很多时候还需要谨小慎微。在管理者对其聪明才智进行肯定之后，受益的对象就不仅仅限于聪明者自身了，包括管理者在内的所有组织成员都会受益，聪明者还会在众多的组织成员面前阐述自己的想法，将自己的聪明才智与众多的组织成员进行共享。于是一个人的思维方式就会逐渐转变为众多人的思维方式，组织的所有成员的综合素质得到提升。当管理者实行顺势管理而不是围追堵截，不仅会给组织发展节省更多的成本，还会充分调动那些聪明成员的工作积极性。

更为重要的是，这些聪明的员工会因此感觉到自己在其他成员面前非常"有面子"，由于管理者对其充分尊重而使其并不过多地顾及组织给予的待遇，可以用更多的热情对待同样的工作，工作中的责任心、信心、激情、敏锐力等都会有更多的提高，而这正是管理者所需要的。为了发现和诱导这些"聪明"的员工，需要管理者接受被管理者的教育，像故事中的父亲一样总是对着自己的儿子发号施令，儿子所见到的父亲总是面带愁容。被管理者不喜欢这样的管理者。只有善待自己下属并且充分发掘他们优点的管理者才能称得上是被管理者心目中优秀的管理者。一分钱的智慧的本质不在于那一分钱，而在于管理理念。

表扬下属有分寸：富弼拒英宗重赏

宋代的富弼是个出了名的廉洁官员。当他出任枢密使时，宋英宗才刚刚登基。宋英宗为了拉近与大臣之间的关系，上台后就将仁宗皇帝遗留的器物赏赐重臣。当重臣领赏分别告退之后，宋英宗让富弼单独留下，并在已经赏赐的器物之外又特别拿出几件器物赏赐给富弼。富弼先是口头谢恩，然后是百般谢绝宋英宗的这些赏赐，宋英宗感到不解：这些东西不值钱，你也用不着这样推辞，你这分明是不给我面子呀，因此在话语之间带出几分不高兴。富弼非常严肃地对宋英宗说："东西虽然不值钱，但关键是这是额外的赏赐，我接受了这些额外的赏赐，如果皇上将来做出什么不能让人们信服的事情来，我就没有理由仗义执言，所以请皇上还是收回这些赏赐。"由于富弼再三推脱，宋英宗也不好再说什么，只好收回了成命。

富弼拒绝宋英宗的额外奖励并不是小题大做，因为他坚信"吃人嘴短，拿人手软"的道理。宋英宗对所有大臣一视同仁的奖励，这是在制度上对大臣的贡献的认可，任何一个人都知道其他人得到了多少赏赐，论功行赏所体现出来的是一种制度的公正。而在所有人都离开后，宋英宗单独对富弼进行额外奖励，这时的奖励就已经不是制度层面的奖励，而是宋英宗与富弼个人之间的感情交流。富弼认为自己无论是辅佐先皇还是辅佐英宗，都是出于本心，也都是自己应该做的。皇帝在制度层面给予自己奖赏，这会让自己觉得脸上非常有光彩，至少自己也得到了与其他大臣一样应该得到的待遇。但是在制度范围之外的奖励就会让自己感到非常难堪，对于他来说，这样的奖励不知道意味着什么，是让自己有更多的直言进谏，还是堵住自己心直口快的嘴，进而在皇帝面前多说好话少说坏话？如果英宗是希望自己有更多的直言进谏，那么在一些问题上自己若没有及时地发现则是失职。如果皇帝为的是不让自己在其面前说更多的坏话，那么这是自己的良心所无法接受的，作为皇帝的忠臣发现皇帝的问题而不说出来，这是对皇帝不忠诚。因此，无论从任何一个方面说都是自己所不能接受的。因此宋英宗对自己的额外奖励自然也不能接受。在富弼没有接受宋英宗的额外奖励的时候，宋英宗自然会表现出很大的不高兴，因为对于别的大臣而言，在皇帝对自己进行单独奖励的时候，千恩万谢还来不及，哪会拒绝呢？正因为富弼在这一点上与其他的大臣做法很不一样，所以说明富弼的刚直不阿。作为一个忠臣，做好自己的本职工作就是向皇帝进言进谏，该得的财富就得，不应该得到的财富就不要得，这是富弼的做人准则，也是做官准则。

富弼没有接受宋英宗的额外奖励应该说是宋英宗的幸事，宋英宗不但不应该不高兴，反而应为有这样一位忠贞的臣子而感到高兴。宋英宗作为富弼的直接上司对富弼进行一些额外的奖励本来无可厚非，但这会让富弼的工作出现困扰。因此，管理者对下属的奖励一定要放在明处，要在组织的所有成员都知道的情况下对下属进行奖励，没有通过制度层面的奖励虽然还是来自于直接领导，但其性质应该是个人情感交流。因此，管理者应该能够很好地区分情感交流和制度认定。虽然奖励的发起者是同样一个人，奖励的数量也没有差别，但给下属的感觉是有差别的。

管理者在奖励下属的时候只是认为奖励了下属一些物质利益，但在下属眼中这些物质利益代表了荣誉，是管理者在制度层面对自己的贡献的认可。因此，管理者在奖励下属的时候一定要讲求方式，不要随便拿来一些东西对下属进行奖励。就日常生活习惯而言，只有下级对上级的贿赂，没有上级对下级的贿赂，但在很多情况下，像宋英宗与富弼之间这种管理者与被管理者之间的交流可以被认定为上级对下级的贿赂。上下级之间的贿赂无论是下对上还是上对下都是出于利益的追求，下级对上级的贿赂是为了从上级那里得到一些好处，而上级对下级的贿赂则是为了能够让下级为自己努力工作，以便能够使得自己的地位永固。

　　上下级之间的关系非常微妙，被管理者一般会在对管理者的忠与不忠之间找到一个平衡，过于忠诚会使自己付出的成本太高，过于不忠诚会使得自己在管理者面前没有尊严。像富弼这样能够将天平一味地偏向忠诚方面的忠臣还是非常罕见的。管理者在面对忠臣使自己失去面子的时候要学会耐心接受，就像宋英宗要耐心接受富弼的拒绝一样。管理者对下属的关心也要讲求方式，否则会使得下属非常难以接受。下属接受来自管理者的奖赏也需要有足够的心理准备，否则管理者的一番好意也会被下属曲解。相信故事中的宋英宗对富弼进行额外奖励时想的并没有像富弼一样想得那样多，但下属往往较管理者在同一个问题上有更多的考虑，只有这样才能使得自己在勾心斗角的职场斗争中间保持自己的应有位置。

人尽其才：分橙子的背后

妈妈将从集市上买来新鲜橙子分给了两个孩子，哥哥和弟弟马上抢过橙子讨论分食的办法。为了获取更多的橙子，两个孩子开始争吵，都害怕对方在分配中得到的比自己更多。弟弟害怕哥哥以强欺弱，哥哥害怕弟弟求助于父母，谁都不愿意放弃自己的利益，于是两个人争执不下，最后在妈妈的引导下达成一致意见，即哥哥负责切橙子，弟弟负责选橙子。分橙子的人后选择自己的部分，首先选橙子的人不负责分橙子，这样的分工能够在两个人之间形成有效的制约机制。两个人都非常同意，开开心心拿着自己的一半回到家中。哥哥把分到的橙子拿回家中后，把果肉放到榨汁机中榨汁，美美地喝上了自己的劳动成果。弟弟到家中后把果肉扔到了垃圾箱中，把橙子的皮磨成粉混在了面粉中烤蛋糕吃，美美地吃上了自己的蛋糕。

故事中的哥哥和弟弟为了分食橙子争论不休，结果表明两个人对橙子的所求是不一样的：哥哥需要的是橙子的果肉，而弟弟需要的是橙子的皮。两个人到了家中后，哥哥将自己认为无用的橙子的皮扔掉了而只剩下了橙子的果肉榨汁喝，而弟弟却将橙子的果肉扔掉而单单剩下橙子的皮磨成粉后作为烤蛋糕的重要原料。对任何一个人而言，另外一个人的做法都存在着巨大的浪费：相对于弟弟而言，哥哥浪费了果皮；相对于哥哥而言，弟弟浪费了果肉。两个人在分食橙子之前并没有说清楚自己对橙子的所求是什么，二人按照既有的思维方式只是一味地将橙子平均分配,但是平均分配的结果是造成了巨大的浪费,虽然在形式上对于两个人而言实现了公平,但就所有橙子而言哥哥和弟弟都没有实现自己的最大消费满足。

故事中如果换一种分配方式,即所有的果肉给哥哥,所有的果皮给弟弟,就不会存在果肉或者果皮的浪费,兄弟两个所能够消费的东西就会更多些。但是在分配橙子前两个人并没有说清楚自己希望消费橙子的哪部分。故事中看似公平的分配方式实际上造成了资源的巨大浪费。兄弟两个最初的争执是因为橙子分配不平均,但是两个人对于得到的橙子都没有进行充分利用,"公平分配"的背后实际上存在着效率损失。

如果分割橙子的人率先拿到自己应该得到的那一部分橙子,则此人很可能将相对较大的部分据为己有,后面取得自己配额的人就会拿的较少。在故事中的牵制机制下,分割者后取得自己的橙子的分配权就可以对分配者的私利行为进行很好的约束,因为分割者如果将橙子分割得不一样大,则较多的部分肯定会给率先分得橙子的人拿走,剩下较少的部分留给自己。聪明的分橙者绝不会做这样的傻事,于是在分割过程中就会将橙子分得足够平均,以便使得自己在获得橙子的时候没有受到损失。这是传统的分食方法。但是谁也没有想到每个人对橙子的所求是不一样的:有的是专门要橙子皮,有的是专门要橙子的果肉,但是两个人怎样想的另外一个人是不知道的,这是造成橙子浪费的重要原因。

资源是稀缺的,人们在生活和工作中为了获得既有的资源,总是要有一定程度的竞争。但是人们竞争的目标往往是不一样的,如果能够很好地了解每个人的竞争目标就可以合理分配稀缺的资源,使得每个利益相关者各得其所。喜欢钓鱼的人都知道,鱼分为很多种不同的类型,不同类型的鱼生活的水层环境不同,钓鱼的人需要对不同的鱼的生活水层有较好的了解,才能够钓到理想中的鱼。

企业中的人力资源多种多样,不同的成员希望从组织中得到的东西是不一样的。管理者需要认真分析不同员工的需求,进而进行"分层养鱼",这样就可以在避免"鱼"进行恶性竞争的同时又使得不同需求的"鱼"都能够找到自己所需要的食物，从而使所有的"鱼"都能够膘肥体壮。就像故事中的哥哥和弟弟一样，如果事先知道两个人的需求是根本不冲突的，则橙子皮给一个人的同时果肉给另外一个人，谁也不会计较另外一个人得到的橙子果肉多或者橙子皮多，因为需求是互补的。就像生活在不同水层中的鱼之间也是互补的一样，不会产生彼此间的冲突，那么组织中的不同成员之间就可以相安无事、相得益彰。

让员工保持热情：别的时间再系鞋带

戏班子的老板是一位具有高超演技的大师。一次，他在戏中扮演一位徒步旅行的百姓，在上场之前故意稍微松了一些鞋带，以此表示长途旅行的百姓过度疲劳的样子。但是老板并没有将这个细节告诉正在演戏的学生。事后有人问老板为什么当时没有告诉其学生，认为如果将这些经验告诉了学生就可以令这场戏演得更加惟妙惟肖。老板说："要教会我的学生演戏的技巧机会非常多，但是今天的场合很不适合，学生们在台上台下忙忙碌碌，兴致非常高，如果在这样的关口我告诉他们要稍微松一下鞋带表演效果会更好，学生们就会意识到自己的表演还存在很多不足，于是在舞台上就会非常拘谨，他们会时不时地看我的眼色，给他们提示固然重要，但这样一来就会使学生的演出热情大为降低，得不偿失，在执行任务的过程中让学生们保持高度的热情才是最重要的。"

老板仅仅在一个鞋带问题上就考虑得如此细微，非常难能可贵。老板的考虑是非常正确的，如果在这样一个就要上台演出的紧要关头，老板还要在自己的学生面前指手画脚，不但不利于让学生有很好的表现，而且还会让学生分心，让他们在台上演出的时候有很多顾虑，好的愿望最后达到了并非如人所愿的结果，所以让学生们保持高度的表演热情是老板的正确选择。老板在这种情况下能够从学生的角度出发考虑问题，而不是考虑如何通过自己的威力约束学生的行为，这是非常值得称道的。

在组织的发展中，能够保持住员工的热情是最为重要的。员工只有保持高度热情才能保证工作结果高质量。老板说得非常对，教会学生在表演中应该注意的细节的机会非常多，在台下的时候会有足够的时间手把手地交给学生演戏的技巧，不一定要在临近表演前的一刹那对自己的学生进行教育，这样不利于学生的表演。员工能否与管理者进行高效配合以及在多大程度上进行配合，这在很大程度上取决于员工的热情。激发员工的这种热情并保持住这种热情需要管理者具有换位思考的素质。

组织成员由于年龄、出身、对管理者的期望等的差异，在组织成长中具有不同程度的工作热情。一般而言，年轻人的工作热情高于中老年人，能力强的员工的工作热情高于能力一般的员工。年轻人具有旺盛的精力和迅速成长的愿望，所以在工作中表现非常积极，希望通过自己的卓越表现赢得管理者的赏识，从而在职位升迁方面获得更多的机会。能力强的人在工作中具有很强的优越感，做任何事情都能够恰到好处，从而感觉到自己在薪酬待遇以及职位晋升等方面会有更多的机会。因此，精力旺盛的年轻人和能力较强的组织成员都会在组织发展中表现出较高的工作热情。

留住员工的工作热情并不是非常简单的事情。这不但需要管理者具有换位思考的能力，而且还要有丰富的工作经验，能够区分出哪些员工具有较强的工作能力和工作热情，并且要严格区分他们的工作热情和工作能力。有能力的人的工作热情不一定很高，如果管理者将自己的眼光仅仅局限在员工的工作能力层面，会由于该员工不具有很好的工作热情而使管理者浪费很多感情。有些员工的工作能力不是最强的，但由于具备较强的工作热情，对这样的员工稍加培训，其工作业绩不一定较能力强而热情不高的员工的差。员工如果已经具有很高的工作热情，管理者就需要通过各种方式让员工保持这种工作热情，而不应该对具有很高热情的员工"泼冷水"。

员工保持较高的工作热情是对管理者工作的积极配合，但是一些管理者会片面地认为被管理者具有较高的工作热情为的是在管理者面前招摇，并进而认为是该员工借机在组织中树碑立传，以便为其日后的"图谋不轨"做准备工作。如果管理者从这个角度出发思考问题，则管理者就会时刻提防着被管理者，被管理者越是努力工作就越会成为管理者"嫉妒"的对象。本来被管理者按照自己的思路去做对组织非常有益的事情，但是管理者的"横加干涉"就会让被管理者感觉到管理者对其有不信任的心理暗示，被管理者就会在做事情时"悠着点"，虽然在做事情时有热情，但不会再有更多的激情，在岁月的磨砺中员工原有的激情会被风化殆尽，留下来的只有"假热情"。

第**9**部分　**是人都食人间烟火：**

激励管理

为了激发成员为组织的发展作贡献，管理者需要掌握更多的激励技巧。激励就是激发与鼓励的意思，就是利用某种外部因素调动人的积极性与创造性，使人有一股内在的动力，朝着所期望的目标努力。理解激励需要把握好以下几个层面：要有一定的被激励对象；弄清楚激励产生的动因；构造有效的激励方法。

激励具有非常重要的作用：一、充分调动员工的工作积极性。激励可促进员工智力和体力最大限度的释放，促进员工提高劳动生产率并且伴以高质量的服务态度。二、使组织目标与个人目标得到统一。个人目标与组织目标不一致时，前者往往会阻碍后者的实现，激励的功能在于使两者得到统一，一个目标的实现为另外一个目标的实现创造条件而不是制造障碍。三、塑造组织团队精神。组织内部的成员间会发生利益冲突，但是这种冲突可以通过较为完善的制度设计得以协调，满足组织成员在物质、精神以及其他方面的需求，从而鼓舞员工士气并协调员工之间的人际关系。管理过程中的激励手段多种多样，包括物质激励、精神激励、职工参与管理以及工作丰富化等多种方式。在管理实践中既不能单纯利用物质激励，也不能单纯利用精神激励，而是要将物质激励与精神激励很好地结合起来。

明白激励：不一样的奖励方法

　　老大和老二两人各养着同样多的蜜蜂为其酿蜜。为了看谁的蜜蜂酿蜜多，两人打算比赛一下。老大认为，蜂蜜的产量取决于蜜蜂对花的访问数量，蜜蜂采花的频次越高，则蜜蜂酿得的蜂蜜就会越多。于是老大着手制作了一套测定蜜蜂采花频次的技术装备，每只蜜蜂的业绩由蜜蜂采花的频次决定，经过一段时间后就对所有的蜜蜂的工作量进行一下总结，并且对所有蜜蜂的工作量进行排序，对排在前三位的蜜蜂进行奖励。老大在提出这套管理系统的过程中，没有告诉蜜蜂自己是在与老二进行酿蜜比赛。老二与老大的想法不同，认为蜜蜂能够酿得的蜂蜜的多少取决于蜜蜂每次酿蜜的多少，蜜蜂每次酿得的蜂蜜越多，则蜜蜂最终酿得的蜂蜜的总量就会越多。与老大不同，老二将自己与老大进行比赛的事情全部告诉了蜜蜂，并且精心设计了一套测定系统对每只蜜蜂每天采回的蜂蜜的数量进行测定，并定期地测定整个蜂箱的采蜜数量，将测得的结果在所有蜜蜂面前张榜公布，还特别规定了重奖当月采蜜最多的蜜蜂个人和相应蜂箱中的所有蜜蜂。转眼一年过去了，老大酿得的蜂蜜还不到老二的一半。老大非常惊讶：自己的蜜蜂与老二的蜜蜂相同，但自己的蜂蜜却较老二的少了这么多，问题出在哪里呢？

　　哥俩坐在一起开始分析产生不同结果的原因。老二对老大说："你的评估体系很准确，但是问题就在于评估的指标与蜜蜂的最终绩效（酿蜜数量）并不直接挂钩。为了让主人满意，蜜蜂们可能就会故意增加采花的频次，但对每次采花后有没有采到蜜就不关心了，所以你的蜜蜂看上去比我的蜜蜂更加忙碌，但所有蜜蜂整日都在花丛之间打架逗趣。并且每次采得的蜂蜜越多，由于身体重量增加，自然在花丛中间飞舞的频次就会减少，这与你的考核制度是相悖的，非常不利于蜜蜂自身的利益，所以蜜蜂并不将其主要精力放在业务上，当然酿蜜的结果是数量非常少。同时,由于你的奖励面积太小,这会造成所有的蜜蜂之间故意封锁信息,即使其中的一只蜜蜂遇到了大面积的花丛自己采不过来,也不愿意与其他的蜜蜂分享这样的信息,因为蜜蜂做了这样的事情就意味着自己会减少得到奖励的机会。"

在对老大的评价体系做出评价的同时,老二也对自己的评价体系进行了评价:"我的评价体系将评价指标都落实到蜂蜜的数量上,我并不关心蜜蜂在花丛间奔忙的频次,而是关心蜜蜂每次出去后带回的蜂蜜的数量,如果每次带回的蜂蜜的数量很多,则最终酿得的蜂蜜自然也会很多,再加上对于酿蜜最多的蜜蜂有比较清楚的奖励制度,这些蜜蜂就会在相对公开、透明的奖励制度中尽量发挥自己的聪明才智,虽然在花丛间飞舞的频次降低了,但每次回到蜂箱时都会硕果累累。我将与你进行竞争的事情全部告诉了蜜蜂,蜜蜂就会感觉到自己是在为完成一件神圣的使命而工作,其工作的积极性当然与你的蜜蜂会有很大的差别。我的蜜蜂为了酿得更多的蜂蜜,不同蜜蜂就会充分发挥自己的聪明才智,相互之间密切配合,嗅觉灵敏的蜜蜂就会率先发现蜜源,体力好的蜜蜂负责将蜂蜜运回蜂巢,采得蜂蜜最多的蜜蜂能够得到较多的好处,但同时处于同一蜂巢的其他同伴也能够分得不同程度的好处,蜜蜂之间在愉快地相互合作中为我酿得了更多的蜂蜜。"老大听了老二的分析,觉得非常有道理,认识到设计科学的奖惩制度的重要性,决定对既定的评价体系进行修正,并期望着自己的蜜蜂能够像老二的那样为其酿出更多更好的蜂蜜。

老大与老二的蜜蜂完全相同,蜜蜂酿蜜的成绩却出现很大的差异,其中的重要原因在于对蜜蜂的工作成绩的评价体系不同。不同的评价体系对蜜蜂的工作努力激励程度是有很大差异的。老大的评价体系中强调了蜜蜂采花的次数,这样的评价体系由于过多注重数量而没有注重质量,导致老大的蜜蜂表面上非常忙碌,但并没有实质性的工作业绩。这一点是不符合老大的意愿的。因为采花的次数与酿蜜的数量之间并不呈现正相关关系。为了增加飞行的次数进而在自己的主人面前表现出自己非常忙碌,蜜蜂就会尽量减少体重,即减少身体上负荷的蜂蜜数量。这种

表面忙碌就是纯粹的形式主义。

老二的评价体系中特别强调了采蜜的数量，规定数量越多则能够得到较多的奖励。老二的这种奖励措施是非常看重实际工作成果的，在这样的奖励措施下，蜜蜂就会感觉到主人是非常务实的。这种注重内容而不注重形式的激励措施使得所有蜜蜂都会勤劳工作。老二对蜜蜂的奖励措施不仅体现了个人的贡献，而且还体现了团队的贡献，在某个蜜蜂得到奖励的同时其他的蜜蜂也能够得到或多或少的奖励。这种既奖励个人又奖励集体的激励方式很容易在所有蜜蜂中间建立起互相帮助的工作氛围。在这种氛围下工作，工作成绩往往就会远远超过"单兵作战"情况下的工作成绩。老二的奖励措施目的也在于此。

这种不同的奖励措施的结果就是：老大的蜜蜂个体之间会产生较大的纷争，个体之间封锁花蜜的消息，以此显示自己的才能，这是突出个人业绩而不突出团队业绩的奖励措施的重要弊端。老二的蜜蜂个体之间会相互协作以便每只蜜蜂都会酿得更多的花蜜。由此可见，制度在调动组织成员劳动积极性方面具有很大的作用。在制度不合理的情况下，即使组织中有再优秀的员工，也很难让这些员工展现自己的才能，优秀的组织成员与不优秀的组织成员就会混在一起，无法区分。其结果就是：优秀的成员不能成为优秀，不优秀的成员成不了优秀。

激励并不一定通过恶性竞争方式达到激励成员努力工作的目的。老大过于强调组织成员之间的竞争，但是这种竞争最终会演变为恶性竞争，以致组织的成员之间会相互拆台。这是组织的管理者（老大）所不想看到的，但老大的蜂群中已经出现了这样的事实，这说明老大的管理制度已经出现了问题。相对于老大的制度，老二的制度就相对比较科学和合理，不但在制度设计中体现了竞争，还体现了合作，单纯的竞争而没有合作就不会有组织发展的高效率。因此，作为优秀的管理者，不但要懂得在组织内部形成良性竞争的方法，而且还要学会让组织成员在竞争的同时学会理性地合作。

在组织的发展中,管理者会通过一系列的激励措施达到激发员工工作积极性的目的,但是结果与其实行激励的机制是有很大关系的。有时候激励的初衷非常好,但最终结果可能会适得其反。这就涉及管理者的水平了。激励就是要通过适当的物质的和精神的手段让组织成员能够以更高的工作效率投入到工作中,其间不能引起更多的纷争或者内耗。如果组织的激励方式注重形式而不注重内容,则组织的发展动因就会大打折扣,就像故事中的老大对蜜蜂的激励措施一样。因此,老二的偏重内容的激励方式是组织成员喜欢的,在这样的激励措施下,组织中的优秀成员就会通过自身努力脱颖而出,组织的目标与个人的目标就会同时得到实现。

故事中的哥俩在比赛这件事情上让蜜蜂了解的信息是不同的。老大没有告诉蜜蜂,而老二却对蜜蜂进行了详细地讲解,让所有蜜蜂都知道自己在与老大竞赛。老二的蜜蜂的工作状态自然就不一样。老二的蜜蜂有攻关任务的紧迫感,在老二采取的恰到好处的激励措施下,蜜蜂的工作状态自然与老大的蜜蜂有显著差异。这说明,在组织发展中,管理者不能够人为造成信息封闭,让组织成员去猜管理者的想法不仅不能为组织发展提供强大的动力,反而会在组织内部形成坏风气。组织成员有被蒙在鼓里的感觉,即使完成了任务,也不会有很强的成就感,而且还有被管理者蒙骗的感觉。在管理者与被管理者之间进行充分的信息沟通,从而让组织成员知道做事的原因等相关信息,会使得组织的凝聚力更强。

激励下属：秘密就在碗底

　　老板 A 接到了一个新任务,需要将一批货搬到码头上去,这件事必须在规定的时间内完成。老板 A 的困难就是时间紧、任务重、人手少。老板 A 开始考虑如何保质保量地完成任务,想来想去,决定在早饭上作文章。一大早,老板便亲自下厨做饭。开饭时老板给每一位伙计盛好并捧到每个人手里。伙计们接过碗便狼吞虎咽地吃了起来。伙计 B 拿起筷子正要向嘴里扒饭,一股诱人的红烧肉浓香扑鼻而来,B 将饭戳开一个小洞,只见碗底有几块诱人的红烧肉。红烧肉对于这些常年干体力活的伙计而言具有无穷的魅力,B 于是不动声色地暗自吃起饭来,B 的这顿饭吃得很香,因为碗底多了几块红烧肉。"老板在我碗底放了红烧肉,我一定得对得起老板。"B 一直在这样想。B 在干活时非常卖力,但是 B 在干活中发现其他所有的伙计干活也都非常卖力,A 接到的任务很快就完成了,老板对员工的工作非常满意。干完活在休息的过程中,伙计 C 问B:"为何你今天干活如此卖力?"B 得意且不加掩饰地说:"早上老板在我碗里塞了三块红烧肉,我要对得住老板对我的这种特殊照顾。"C 立即对B 说:"我的碗里也有红烧肉。"原来大家的碗里都放了红烧肉,众伙计这才恍然大悟,知道了这是老板的管理计谋。谜底被揭开后,伙计们并没有怨恨老板,仍然认为自己为老板努力工作是应该的。

　　其实这个故事非常简单却又不简单,简单在于仅仅是红烧肉而已,不简单在于红烧肉的放置方式体现了老板的管理哲学,应该说这是老板苦心经营的结果。如果老板将红烧肉放置在每个伙计的米饭的上边,所有的伙计都会看到其他伙计碗里的红烧肉。红烧肉对于伙计而言就不会产生任何差别,因为伙计们会认为这是老板应该做的。

但是当老板将红烧肉放在每个伙计的碗底时,情况就不一样了。每个伙计的感觉是老板只偷偷地给我放了红烧肉,而其他人并没有得到如此的待遇。这种心理暗示正是老板所需要的。红烧肉放在碗底就是为了避免让其他人看见,该伙计于是感觉到自己受到了额外的待遇,老板做这件事只是针对自己而并没有用同样的方法对待他人,那么伙计干起活来自然也会非常卖力。老板在这中间其实巧妙地运用了一个简单的心理学原理,即能够得到额外好处的伙计倾向于更加拥护管理者。

但是老板非常聪明,即给所有的人的碗里都放红烧肉。这里面有两层意思:其一是整个上午伙计们都要干繁重的体力活,为了爱护伙计们一定要给他们补充体力,这体现了老板对自己下属的关爱,这份关爱终究会让伙计们感动的;其二是给每个人都放红烧肉而不是只给其中的某些人放红烧肉,这体现了老板的待人公平和厚道,因为老板知道,放红烧肉的事情早晚能够被伙计们揭穿,如果只给其中的某些人放红烧肉而不给其他人放,这事情一旦穿帮就会将好事变成坏事,有些伙计会怨声载道,这就是老板的聪明所在。

故事中的老板 A 非常聪明,不但会通过一定的管理技巧让所有的伙计为自己努力工作,而且还让伙计挑不出毛病。老板善待伙计,同时又能做到公平、公正,这是非常难能可贵的。可以想象,如果老板将所有的红烧肉都放在桌子上的同一个碗中让伙计们用筷子夹着吃,整个上午就不会出现热火朝天的工作景象,这就是老板 A 的激励技巧。

就心理学理论而言,每个人都渴望被激励,在获得有效激励的时候,每个人都会因为激励而产生自豪感、成就感。老板对伙计们的激励不仅仅是红烧肉这种美食,而是伙计认为这是老板对自己的看重,这一点比红烧肉更加重要。老板的目的虽然是在激励每个人,但老板做法的精妙处在于让每个伙计都感到这份激励只是针对自己。当伙计感觉到老板的这份"爱"是针对自己而不是针对所有人时,就会非常珍惜并且看重这份"爱"。

与此相反,在很多企业的发展过程中老板也费尽了心血,并且努力提高对员工的待遇,但最终发现员工对自己的这种做法并不领情,老板虽然用心良苦但却事与愿违,关键在于现实中的老板不像故事中的老板那样"聪明"。现实中有些老板甚至以掩耳盗铃的方式做些自己认为其他员工看不见的事情,实际上事情已经昭然若揭,小聪明很多时候就是不聪明。故事中的老板不是在耍小聪明,这是在使用管理技巧,在所有伙计知晓老板的良苦用心之后也不会对老板有任何埋怨,也不会产生被欺骗的感觉,员工仍然感觉到了老板对自己的尊重。当然事情还有另外一面,由于员工的个人情况不同,也不是每个伙计都喜欢吃红烧肉的,就算每个人都说红烧肉好吃,但是吃的时间长了也会腻的。因此,故事中的红烧肉只是一种激励手段而已,老板只要能够适时地把握不同伙计的需求并针对其需求创造性地产生激励方式,就能够达到所希望的激励效果。

管理实践中非常重视激励的重要作用。激励是人类活动的一种内心状态,具有加强和激发被激励者动机并指引其朝预定目标行为自己的作用。该理论认为激励在发挥鼓励先进的作用的同时也在约束后进。激励的方式多种多样,既有物质层面的激励方式,也有精神层面的激励方式。具体而言,可以通过如下方法进行激励:承认员工的贡献;让员工参与管理;激发员工的兴趣;尊重人性发展;给员工树立更高的目标;对员工施以适度宽容。为了发挥激励手段的作用,就需要在实施激励前对被激励的对象进行激励需求分析,以便做到激励方式与激励需求相对称,从而达到最好的激励效果。激励方法与员工需求不对称时,即使激励措施再好也不会产生很好的激励作用。

学会耐心等待：不仅仅是拧一下

年轻的小伙子在一棵大树下焦急地等待着前来赴约的美丽姑娘，由于心情过于激动，早到了很长时间，只好在大树下焦急地等待着。这时，小伙子的面前突然出现一位白胡子老头，老头手上拿着一个纽扣，告诉年轻人："你有什么愿望需要实现吗？如果你需要，我可以送给你这个纽扣，你只需要将其缝在自己的衣服上，在你需要时将纽扣向右拧一下，就会跳过时间，你需要的时刻马上就会到来。"年轻人听了老人的话后非常高兴，马上接过纽扣缝在自己的衣服上，抬头时老人已经不见踪影。小伙子试着将纽扣向右旋转了一下，姑娘马上站在了自己的面前，并且还含情脉脉地注视着自己呢，年轻人感到非常高兴，激动的心情简直无法用语言表达。年轻人再将纽扣拧一下，发现自己正在隆重的婚礼殿堂上，新娘就陪伴在自己的身边。为了使自己的很多愿望尽快实现，于是小伙子不断地轻轻向右旋转纽扣，在小伙子的世界中逐渐呈现出奢华的房子、聪明的孩子、宽广的葡萄园。

小伙子欣赏着眼前的"美景"，心情非常激动。这时有个小孩走到小伙子面前说："爷爷，咱们该吃饭了。""爷爷？我有这么老吗？"小孩指指"小伙子"的下颌，这时的"小伙子"已经变成一个白发苍苍的老人了。小伙子对眼前的"美景"顿时失去了兴致，他要对那位白胡子老头说："我是希望通过旋转纽扣尽快得到我所需要的东西，但并没有希望自己会如此快速地老去。"小伙子非常着急，但是老头在告诉他如何将时钟调快的同时并没有告诉他将时钟恢复到原始状态的方法。小伙子万分悲痛，感觉到自己还没有体会到人生的真正美丽，就要马上离开这个多彩的世界了，悔不该当时接受老头的诱惑。小伙子万分苦闷，双手握着纽扣，用尽全身力气把它往下扯。纽扣划伤了自己的手，在疼痛之余小伙子不禁全身一振，从梦中醒来，见自己的心上人还没有来到，于是心情平静了许多，开始安安静静地在树下等待心上人的到来，不再像先前那样怀着焦躁不安的心情等待美丽的姑娘了。

故事中的老头在中国的传统文化中代表神仙，神仙是无所不能的。在神仙的授意下，小伙子可以得到那样一枚神奇的纽扣。在神仙问小伙子希望不希望得到这样一枚纽扣的时候，小伙子在难耐的焦急心态下自然会乐意得到这样一枚纽扣，因为得到这样一枚纽扣后会减少小伙子漫长的等待，这样一枚具有神奇魅力的纽扣对小伙子而言无异于"意外之财"。使用该纽扣，小伙子实际上是在没有经过自然发展的情况下得到其所要得到的结果的。小伙子得到了纽扣后自然可以省去诸多由于等待而带来的麻烦，但在小孩称呼自己为老爷爷的时候，"小伙子"突然晓得自己得到纽扣需要付出的代价了。

纽扣给小伙子带来了很多的方便，但为了得到这种方便就需要付出代价。世界上从来就没有无成本的收益。故事的意义在于，做任何事情都要遵循规律，激励人们要从身边的一丁点小事做起，一步一步地达到预期的目标。只有务实肯干并且通过脚踏实地的工作得到的收益才是最可靠的。从这个角度而言，故事的意义在于激励也在于约束。世界上从来就不会有能够让自己无本万利的神秘纽扣，即使有这样的纽扣，在让自己轻松达到目标的同时也要付出巨大代价。一个组织为了达到发展目标，不要寄希望于这种"纽扣"，而是需要从组织的制度、文化、人员配置等各个方面做起。组织每一步的成长都是需要建立在坚实的基础上的。

做事有耐心，学会等待，以自己的诚心做应该做的任何事情，这本身就是一种激励。没有这样的基础是不能达成较高的目标的。这种做事的理念要求人们以坚韧不拔的毅力做事情。跳过原本应该是自己做的事情而直接达到目标，这虽然是很多人梦寐以求的，但这种激励只是表面上的。表面成功的背后需要做事者付出较多的代价。这种虚幻的激励在开始的时候会给人们带来较大的喜悦,但随之而来的就是较大的悲哀。在大喜大悲的跌宕起伏中,自然类似"纽扣"的激励措施是不值得推崇的。故事中的小伙子听信了老头的话,接受了这枚会将时钟拨快的纽扣,在高兴之余连续扭动这枚纽扣,于是尽快实现了自己希望实现的一个个愿望。但是小伙子没有料想到在自己快速得到自己想得到的东西的时候也需要巨大的成本:自己青春年华的早日逝去。因此,在小孩呼唤自己为爷爷的时候,"小伙子"并不开心,因为小伙子所得到的这些东西实际上是以自己的青春年华早日逝去为成本的。自己虽然得到了许多,但没有经历过奋斗,从而也没有体会到奋斗的艰辛以及由此得到的快乐,自己所得到的好像都是虚幻。相信再有类似"纽扣"这样神奇的工具可以实现自己的目标的时候,小伙子再也不会相信了。虽然纽扣对小伙子有一定的激励作用,但这种激励涉嫌欺骗。

激励作用的发挥首先产生于吸引力,纽扣对小伙有很大的吸引力。但由于吸引力发生的激励作用有时候并不是正面的。小伙子表面上看起来从纽扣中得到了好处,但这种激励作用的背后是较高的成本付出。故事的重要意义就在于:人们要脚踏实地地做好自己的事情,不要异想天开。激励的作用不仅在于激发人们高效率地做好分内之事,还要求人们非常务实地做好自己的工作。等待就是组织成员需要具备的一个优秀品质。为此管理者需要创造相应的制度环境,允许和鼓励组织成员学会等待,并对这种品质在制度层面机遇认可。浮躁和急于求成的性格虽然在短时间内也许会对组织的发展带来一些收益,但从长期看也许会为组织造成较大的损失。鼓励组织成员养成这样的优秀品质就是对组织的中岛贡献。

因此,激励的作用不仅在于鼓励,还在于约束。约束也是激励的一种表现方式,在一定的约束力下,组织的发展就会更加稳健,约束就是在做事的过程中保持务实精神。企业家管理一个企业不仅需要管理企业的结果,而且需要管理企业发展的过程,有了这样的一个经历漫长等待、面临和处理一些问题的沟沟坎坎,就会从企业的成长中有更多的收获,收获的不仅是物质财富,还有精神财富。老板经营自己的企业的过程,就如同老板在与企业谈恋爱,企业就好比是故事中的美丽姑娘,不能通过违反客观规律的方法得到这个"美丽的姑娘",而是需要等待,否则不但会让自己尽早变成"老爷子",而且还会将自己的心上人变成"老太婆",还没有感受到与自己的心上人同舟共济的惬意之前,就已经迎来了垂暮之年。心情过于急躁是故事中的小伙子面临苦果的重要原因。因此,企业发展中不应急躁冒进,单纯追求最终目标而忽视奋斗过程的价值,必然要受到相应的惩罚。学会等待也是管理者应该具备的优秀品质,不懂得约束的价值就不会理解什么是真正的激励,在做事过程中就会面临挫折。

管理以双赢为目标：小猴的愚蠢举动

小猴非常喜欢吃瓜，它看到小熊种的瓜又大又甜，就向小熊讨要了些种子，并请教了种瓜的方法。小猴非常勤奋，在第二年开春时不辞劳苦地在田间劳作，按照小熊教给的方法将种子种下去并精心护理着。终于小苗从土中钻了出来，小猴非常高兴，这说明自己的辛苦劳作已经有了初步成果。小苗长出来后，小猴更加勤奋，浇水、除草等这些日常工作自然不在话下。由于小猴的精心照料，瓜秧开始开花。由于生长条件很好，瓜秧上的花朵非常多。满园的香气招来了成群的蜜蜂，蜜蜂围绕着鲜艳、美丽的花朵嗡嗡叫，每天非常忙碌地在花间酿蜜。小猴看见这样的情况后非常着急，如果蜜蜂将花蜜都采走后会使将来长出的瓜不够香甜，于是小猴除了每天给瓜秧除草、施肥等工作外又增加了一个新的工作——驱赶蜜蜂。小猴每天工作更加辛苦。蜜蜂由于受到小猴的驱赶，没有办法在花间安心地酿蜜，所以纷纷离开，到其他的地方去了。

转眼到了收获的季节，小熊的瓜田里呈现一片繁荣景象，小熊又获得了大丰收。但是小猴的瓜田里没有几个瓜。小猴非常诧异，同样的种子和照看方式，瓜田也没有什么两样，为什么我的收成会这样少呢？怀着不解的心情，小猴又来到了小熊家中，向小熊咨询了很多问题。小猴终于发现自己瓜田中出问题的原因在于自己将前来采蜜的蜜蜂赶走了。小熊向小猴解释说："蜜蜂在花间采蜜，不但不会对你的收成产生负面影响，反而会促进你丰收呢！这些昆虫在采蜜的同时也完成了植物授粉的任务，瓜秧若想结出丰硕的成果，需要有授粉过程，而这个过程仅依靠花自身的力量是无法完成的，你将那些授粉的帮手赶跑了，你的收成自然就会减少。"小猴懂得了这些道理，打算来年重新干起，一定就会有不错的收成了。

小猴由于自己的无知而导致收成欠佳。小猴认为昆虫在花间飞舞会给自己的收成带来负面影响，但不知道在蜜蜂酿蜜的同时也在回报自己，应该说蜜蜂充当了小猴的免费劳动力。实际上蜜蜂在做这些工作的时候并不是免费的，它们的初衷很简单，为了采集花粉，在不同的花间进行了传粉只是蜜蜂酿蜜的一个附属产品而已。蜜蜂只是在实现自己的目的的过程中不经意间为花进行了授粉。但小猴对这一点全然不知，单纯地以为蜜蜂"抢走"了花蜜后就会使自己的收成减少。

在此过程中，实际上蜜蜂与小猴之间应该是双赢的。蜜蜂和小猴以花为媒介，小猴可以得到瓜，而蜜蜂可以得到花粉。蜜蜂和小猴中的任何一方如果想得到自己需要的结果就必须让渡其他。蜜蜂想得到花粉就必须免费为花授粉从而让小猴受益，小猴想得到高产的瓜就必须让渡花粉成为蜜蜂的所得。小猴在不知情的时候将蜜蜂赶走，就意味着小猴不愿意让渡花粉的所有权，在这种情况下蜜蜂不能得到花粉，小猴也会因此而得不到好的收成，花粉不能为蜜蜂所得，同样也不会成为小猴的所得，小猴实际上做了一件损人不利己的事情，由于小猴的一个无知的举动使得小猴与蜜蜂之间"双赢"演变为"双输"。如果小猴在种瓜之前已经向小熊请教过这些道理，自然也不会发生这样的错误。小猴与蜜蜂之间体现了一种合作，这种合作是以达到各自的目的为前提的，为了达到自己的目的就需要首先达到对方的目的。

小猴与蜜蜂之间的这种合作关系在日常管理中随处可见。组织中的管理者为了实现自己的管理目的，就需要让员工按照自己精心设计的制度行为自己，但是员工作为经济人是不会心甘情愿地受管理者的摆布的，所以管理者就需要在全体员工中间实施公正的奖惩措施，让员工感觉到在其努力工作之后组织会给予其相对公平的待遇。员工工作的直接目的也不是为了完成管理者的意思，而是挣钱以求得生存，但是为了达到这一点就需要按照管理者的意思行为自己。因此，在管理者

221

与被管理者之间就出现了博弈，管理者想尽量少出钱让员工多干活，员工就会尽量少干活而从管理者那里得到更多的回报。

这种博弈的结果是双方达到一个均衡，在这种均衡状态下，管理者感觉到自己得到了在既定付出下的公平回报，管理者也感觉到被管理者在既定的付出下干了应该干的工作，双方在这样一个公平的基础上达到了互利双赢。单纯让员工为自己工作而没有让员工得到合理回报的管理就是"奴役"，单纯从老板那里得到回报而没有为老板做工作就是"欺骗"，欺骗或者奴役都是以单方面的收益为前提的，与此同时剥夺了对方的权益。其结果是：或者老板不愿意雇佣这样的员工，或者员工不愿意服务这样的老板。两者之间既然没有互利互惠，当然也就失去了合作的可能。企业发展中到处存在合作，这种合作是以互利为前提的，没有了互利就没有了合作。

老板要想雇佣到优秀的员工就需要为其支付高薪，员工想要从老板那里得到较高的薪酬就需要为组织提供优质的劳动。产品想得到消费者的认同就需要提高自己的含金量以赢得消费者的青睐，消费者想消费高品质的产品就需要付出更多的货币以获得这种产品的消费权。

双赢是基于这样一种观念：一个人的成功不是以牺牲或排斥别人的成功为代价取得的，而且也并非一定要牺牲别人，组织是成员之间合作的舞台而不是角斗场，双赢是财富的源泉。"双赢"的管理就是引导管理者和被管理者学会合作和给予，求得双方的共同发展。"双赢"的最终目的是：使系统中人的整体水平不断提高。"双赢"管理是以"双赢"理念作为主导思想，反对同事之间的相互拆台，坚决阻止组织成员之间的相互嫉妒，不能以合作一方的利益损失为代价换取另外一方的发展。双赢的目的是"互学共长"，而不是此消彼长。组织发展中要创造成员之间的互助合作关系，只有这样才能够在使自己得到发展的同时也使他人得到发展。

心态决定成败：不一样的独木桥

心态对于一个人而言非常重要，在某种程度上决定了一个人的成败。为此，有关人士做了很多实验来验证心态在人的成长过程中发挥的重要作用。弗洛姆就是这些做过有关实验的著名专家中的一位。

为了验证心态在人的成长中所产生的重要作用，弗洛姆将几个学生带到一间黑暗的房子中，在他的带领下，学生们穿过了一间伸手不见五指的房间。

接着，弗洛姆打开了一盏非常昏暗的灯，借助昏暗的灯光学生们可以隐约看见房间中的设置，只见房子中间是一个很大很深的水池，里面有很多毒蛇在游动，这些毒蛇高昂着头左顾右盼，好像在向房间中的每一个人示威。同学们看见这样的状况后都被吓出了一身冷汗。弗洛姆告诉这些学生："你们刚才就是从这座独木桥上走过来的，而独木桥就架在了这个池子的上面。"同学们听了老师的这些话后不禁倒吸一口凉气。"眼前的景象都看到了，现在有谁愿意从这座独木桥上再走回去？"学生们都面带惧色，谁也不愿意从这座桥上走回去了。有学生很不情愿地站了出来，但在桥上那种战战兢兢的样子与先前不知道有毒蛇时的样子简直无法比较。很多学生都是刚刚在桥上走了两三步又退了回来。有一个学生表现得还不错，但最后也是从独木桥上爬过去的。

弗洛姆看到这种情况，于是又打开了房间中的另外几盏灯，这下子房间中的灯光不再昏暗。在非常明亮的灯光下，学生们清楚地看见独木桥与水池中间隔上了一层安全网，其作用就在于防止独木桥上的人跌落到水池子中。大家看清楚了面前的情况，弗洛姆又问学生们："谁愿意过独木桥？"这时，学生都表示愿意过这座独木桥。但是还是有一些学生提出问题："这个安全网安全吗？"在弗洛姆的带领下，学生又安全地从独木桥上返回。

　　事情过后,弗洛姆对学生说:"桥本来不难走,关键是看过桥人的心态,在不知道桥下有毒蛇的时候,你们轻快地从桥上走了过来,但是当知道了有毒蛇之后,慑于毒蛇的危险所以在过独木桥这个问题上就开始踌躇,不是因为过独木桥的难度大,而是过独木桥时的心态影响了你们的行为。"

　　过独木桥的心理测试实验说明了心态对于人们完成事情的重要影响作用。同学们本来是从充满毒蛇的危险池塘上走过来的,但在老师开灯之后却不敢走回去了。胆怯的心理对人们的行为形成了强大震慑。人们在做任何事情的时候都会受到心态的影响,心态在很大程度上决定了正在做的事情能获得多大程度的成功。在人们受到挫折后如果没有坚韧不拔的毅力,就很难在栽倒的地方重新振作起来,这种情况说明了困难已经首先将此人的心理摧毁了。

　　在失败者的心态下,就不可能再雄心勃勃地完成未竟的事业了。如果一个人具有了坚韧不拔的毅力,这个人就会以一个预期成功者的心态做事情,并且全身心会充满一种精神,这种精神就会成为做事情的支撑。心态就是一个人对自己、对他人、对社会的看法和态度。

　　一个人的心态决定了其行为自己的方式。管理者的心态是管理别人,所以说话的方式总是在命令别人,说话的眼神表情等与组织中的一般成员有很大的不同。而组织成员是被别人管理的心态,在管理者面前总是唯唯诺诺,做任何事情时都表现出一定程度的不主动,其说话时的眼神表情等与管理者也表现出很大的差别。俗话说:"不想当将军的士兵不是好士兵",这强调的不是任何一个人都要当将军,但是这是一种心态,只要这个士兵想当将军,于是就会有当将军的奋斗精神,在工作中就会表现出与其他士兵不一样的热情。

　　面对同样一个困难,如果抱着必胜的信念去对待它,最后获得成功的希望就会很大。但是如果对自己的能力表示怀疑，并且抱着试试看的态度去做，则成功的把握就会大大降低。项羽能够破釜沉舟击败秦军就是凭着一股勇气，这时项羽的心态是必胜。正是通过破釜沉舟的方式激发全体将士必胜的信心，在这样的士气基础上全军将士就会浴血奋战、冲锋陷阵，士兵就会以一当十，全军向前冲锋的势头就会不可抵挡。因此，心态在组织的发展中发挥着非常重要的作用，虽然心态在很多时候并不起决定作用，但越来越多的人开始重视心态在管理中的作用。

不同人考虑问题的出发点存在很大的差别，关键是由于其心态不同。在组织中长期担任高层管理决策职位的管理者在考虑问题的时候就会从宏观角度出发，考虑的应该是全公司所有人员的人事任免与晋升、各部门的职能、公司市场份额的增长情况等。而基层的车间主任考虑问题的出发点仅仅限于车间内的几个人，涉及的只是车间内的门窗、水龙头、电源等一些非常琐碎的事情。良好的心态不但是管理者需要具备的基本素质，也是组织发展的重要基础。从一定意义上说，管理者的心态就是组织成员的心态。好的心态能够使得组织成员主动地处理好人际关系，尤其是在利益的索取与给予等的关系上处理得恰到好处，能够以积极的心态与周边人员进行合作，在遇到问题的时候不会昏头和莽撞，不会轻易地拒绝他人，能够以非常谦和的态度与组织中的其他成员相处。在这种情况下，不但组织内部各成员之间的关系较为融洽，而且管理者的工作效率也非常高。

组织成员具备了良好的心态后，在做事情时就能够具有很好的心理准备，在做任何事情之前就能够尽量考虑到可能出现的情况，从而能够做到宠辱不惊。这需要人们在做事之前具备充分的心理准备。尤其是管理者，不但要会荣耀地接受成功，也要会坦然地面对失败。具备了良好心态之后的管理者就会变得更成熟，从而令组织的发展更加稳妥。从这个意义上讲，管理者具备良好的心态是整个组织的福音。

第 **10** 部分 **家有千口主事一人：**
决策管理

决策对于一个组织的发展而言是至关重要的。西蒙曾经说过:"管理就是决策,决策贯穿管理过程的始终。"所谓决策,就是企业为了实现既定目标而为使未来行动目标优化或至少达到某种满意程度,在两个或两个以上备选方案中选择一个最佳方案并组织实施的过程。

决策包含几层含义:一、目标明确:决策是围绕一定的目标进行的,任何决策都要以实现组织总目标并使目标优化为出发点。二、方案选择:决策行为需要决策者在多种可能性之间进行抉择,所以决策的中心含义是"选择",如果在决策中只有一种方案或者无法制订方案,决策则失去了意义。三、过程完整:一般来说包括决策前提出问题、搜集资料、预测未来、拟订方案、优选等在内的完整过程。缺失任何一个方面,都可能使得最终的决策失去科学性,进而导致企业的未来收益受到损失。四、行为超前:决策是根据现在对未来事情进行的抉择,要求决策者具有超前意识,能够凭借自身的经验、丰富的知识以及敏锐的观察力等做出正确的选择。五、操作可行:决策虽然是在不可知中进行赌博,但目的是为了进行成功抉择,于是要求决策者的决策操作可行,不能明知不可行而为之。可行指的是能解决预期的问题,具备执行方案的条件,能够达到预期的效果等。

引言

管理志在开源：小智慧与大谋略

有这样一个故事：卡恩站在百货公司的柜台前，目不转睛地看着琳琅满目的商品，这时一位穿着很体面的绅士走了过来，站在卡恩身边，抽着雪茄，卡恩恭敬地对绅士说："你的雪茄很香，好像不便宜吧？""两美元一支。""好家伙……你一天抽多少呀？""10支。""天哪，您抽多久了？""40年前就抽上了。""什么，您仔细算算，要是不抽烟的话那些钱就足够买这幢百货大楼了。""那么说，您也抽烟了？""我才不抽呢。""那么您买下这个百货公司了吗？""没有啊。""告诉你，这个百货公司就是我开的。"谁也不能说卡恩不聪明，至少他算账算得很快，而且他也懂得勤俭持家并使财富由小到大积累的道理，但是卡恩的聪明是小智慧，绅士的智慧才是大智慧。财富积累不是单靠省吃俭用攒下来，而主要是靠不断奋斗得到的。

故事虽然很简单，但其中折射出了非常深刻的管理思想：成功的企业家的财富轨迹不在于节省多少而在于创造多少。勤俭持家固然重要，这是中华民族的传统美德，但财富的扩大不在于省吃俭用而在于开动脑筋努力创造。管理学讲究"开源"和"节流"的关系，节流固然重要，但单纯强调节流而不思考怎样开源，这样的企业没有前途。

成功的企业家关注的重点主要在于开源，而其次才是节流。牛根生就是一个重视"开源"思想的典范。在短短三年内令蒙牛集团成为乳品行业巨头后，牛根生不满足现状,并给自己的事业制定了辉煌的蓝图,蒙牛的发展目标有三个:只做乳品不做其他;要做上市公司;要做百年老店。这三个目标不但是牛根生的愿望,也是蒙牛人的愿望,牛根生的创业精神也是蒙牛的创业精神,这是一种永无止境的开创精神,在这种精神的指引下,蒙牛走向了世界,蒙牛成为了国人的骄傲。

20世纪80年代末,成为上海个人首富的杨怀定(杨百万)在1989年通过购买国库券挣得第一桶金,一般人可能会因为"早晨一进证券交易所晚上一出来就能挣上一年的工资"而高兴得睡不着觉。而杨怀定很冷静,他想的是"如果在另外一个地方能够将国库券低价买进高价卖出,一年的工资不就又赚回来了吗?"在苦苦搜寻中,他终于在安徽合肥发现了这样的低价国库券,于是连夜坐火车到合肥购买国库券并做起了买卖国库券的生意。就像杨怀定自己所讲,"金钱的魔力如此大!"仔细琢磨杨怀定的经历后,让人们颇为感慨,感慨的不是老杨挣钱多,而是感慨他能每天都拎着几十斤的人民币往来于车站和证券交易所之间,双手都磨出了老茧。这是一种繁重的体力劳动,但在这样的劳动中老杨得到了回报,得到了幸福。如果仅仅满足于"见好就收",得到了最初的一百万就收手不干,就不是一个企业家的所为了。老杨的"开源"精神又体现在之后他将目光从国库券转向了股票,并在股票市场上创下了神话。在自己在股票市场上赚取了雄厚的资金后,并且弄清更多的人希望通过炒股发财时,老杨则忙于将自己的炒股经验写成书,让更多的人分享自己的经验,通过卖书再赚上一把。此外,他还与自己的儿子研究炒股软件,让有炒股愿望的人购买自己的软件。头脑灵光的杨怀定总是走在别人的前面,同时又将自己的财富资源进行深度开发。这些都是成功的创业者或者管理者所应该具备的精神。

前面的故事中,卡恩的思想在于攒钱,绅士的思想在于赚钱,两者的思维前提不一样。攒钱是小智慧,赚钱才是大智慧。当然小智慧与大智慧各有千秋,有的人只适合在路边摆摊卖包子,而有的人则将包子摊做成了全国连锁店,这其中的思考前提起了重大作用。管理者有大智慧,员工就会在大智慧的引领下创造更大的事业。管理者不仅要具有成为"绅士"的愿望,还要有成为"绅士"的实践。卡恩在与绅士的交谈后不应该是羡慕或是嫉妒,而应该是学习和实践,树立远大理想并具备开拓创新精神。

管理就是决策：囚徒的不同选择

有五个囚徒由于犯了事被关到监狱里，在入狱之初，监狱长对这五个人说："我可以满足你们每人一个要求，你们可以提出。"话音刚落，一个美国人就站了起来说他喜欢抽雪茄烟，于是他得到了三箱雪茄烟。法国人说他想要一个美丽的女孩与他为伴，于是监狱长为其物色到了一个美貌的女孩，两个人喜结连理。犹太人说他需要一部不需要他自己交费的电话，监狱长满足了他的要求。中国人说他不要什么额外的愿望，只是希望能够在监狱长面前好好地表现，以便能够提前释放。德国人比较严谨，对监狱长说："我们犯了罪还能满足我们的要求，你这人太不可信了，你大概是在愚弄我们吧。"

时间过得非常快，中国人在监狱长面前由于认真表现，只待了两年半就被释放出来了。又过了半年，美国人、法国人和犹太人也都被释放了出来，德国人在其他人都被释放后的一年后也出狱了。这几个狱友为所有人都被释放出来而感到非常高兴，打算举办一个聚会。

见面时，五个人的情况有很大不同：法国人已经有了一个两岁的儿子，夫妻两人相亲相爱；美国人还是非常喜欢抽雪茄烟，俨然已经成了一个烟鬼；犹太人已经身价千万，监狱长为其提供的电话使其能与监狱外边相联系，自己的生意从来没有中断；中国人似乎更油嘴滑舌，在对几个狱友的言谈中用语得体，左右逢源，此人凭借自己的三寸不烂之舌也已经取得了可喜的成绩；德国人一脸拘谨，面对多年患难的这些朋友感到非常不解，这些人都生活得非常快乐，而自己为什么会比其他人要晚出来一年。

五个人在入狱之初的决策导致了多年之后的结果。有什么样的决策就有什么样的结果。每个人的决策都是出于自己的本性,在监狱长满足五个人的许诺下,每个人都做出了自己的珍贵选择,而这种选择就决定了自己的未来发展轨迹。法国人有妻有子,美国人有雪茄,犹太人有财富,中国人有处事的技巧,德国人还是那样的刚正秉直。几个人中犹太人是最聪明的,监狱中的几年并没有耽误自己在监狱外面的生意。著名管理学家西蒙曾经说过:"管理就是决策,决策贯穿管理过程的始终。"春天种下了什么秋天就会有什么样的收获,这完全取决于播种者的思维。决策决定管理的全过程,但思维方式决定了决策的全过程。决策可以决定做事的方向,管理者的责任就在于为组织的发展做出准确和科学的决策,但是由于每个人的成长经历、思考问题的前提、预期达到的目标等有差异,就会导致决策的方向、质量等千差万别,进而造成组织成长过程中的做事成本、容易程度等都会存在不同。

不同的人面对同一问题时会有不同的决策。一个组织、一个人做出一种决策的时候一定要根据自身的条件进行,不能盲目复制,在他人那里的科学决策被移植到自己身上时就可能酿成大错。决策需要遵循保护自身、操作成本低、讲求效益、谋求发展等原则。蜗牛、毛毛虫和蚯蚓的身体都非常柔软,但是它们由于实际情况不同,所以在自己的成长过程中有了不同的决策。小蜗牛充满好奇地问妈妈:"妈妈,为什么我们一生下来就要背着这个重重的壳呢?"妈妈说:"因为我们的身体非常柔软而且爬得非常慢,所以要背着这个重重的壳以便保护我们。""那毛毛虫的身体也是非常软,为什么他们就没有这个硬壳呢?""因为他们将来可以变成蝴蝶从而飞上天空,天空可以成为他们的庇护所。""那蚯蚓也不能飞上天空,但身体也非常软,为什么就没有这样的壳呀?""因为他们会钻入泥土,泥土也可以成为他们的庇护所,我们什么也没有,只能靠这个硬壳作为我们的庇护所。"小蜗牛问得非常认真,妈妈回答得也非常认真。对话虽然非常简单,但其中体现了蜗牛、毛毛虫和蚯蚓的不同决策,正是由于蜗牛不具备毛毛虫将来可以变成蝴蝶从而飞上天空的本

233

事,也不具备蚯蚓遇难时钻进泥土的本事,加上自己爬得又非常慢,只能身上背负着这个坚硬的外壳,用以保护自己,这就是蜗牛的英明决策。

与蜗牛问自己的妈妈一样,我们的日常生活中时刻面临着决策,决策正确就会前途光明,决策错误就会坎坷重重。一个小孩看到河边钓鱼的老人,由于老人钓鱼的技术非常娴熟,没有多大功夫就钓到了满满的一篓子鱼,大大小小的鱼在鱼篓中跳跃,甚是好看。老人非常喜欢这个小孩,于是告诉小孩说可以将鱼篓中的鱼分给小孩一些。谁知道小孩的回答让老人感到意外:"我不想要您的鱼,我想要您的鱼竿。"老人问小孩为什么,小孩说:"鱼马上就会吃完,但有了鱼竿后我可以自己来钓鱼,于是我就会有吃不完的鱼。"小孩的回答不禁会让人感觉到小孩非常聪明,于是老人将自己的鱼竿给了小孩。小孩没有要老人赠送的鱼而是要了老人的鱼竿,目的在于自食其力并且可以得到源源不断的鱼。在鱼与鱼竿之间,小孩做出了要鱼竿的决策,不但体现了小孩的聪明和勤奋的品质,更重要的是小孩不是在谋求短期利益,而是着眼于长期目标,属于一种战略性决策。

小孩做出这样的决策,确实超出了同龄小孩的才智,但小孩做出这样的决策时候就需要首先放弃当时就能够吃上鱼的便利,小孩需要忍受腹中"馋虫"的骚动,并且还要面临不能钓上鱼来的风险。小孩做出要鱼竿的决策是英明的,但在向老人要鱼竿的同时,还需要向老人虚心求教钓鱼的技术。如果只有鱼竿而没有钓鱼的技术,鱼竿就是摆设,小孩的决策就是非常盲目的。相信小孩的虔诚会打动老人,老人会在钓鱼的过程中将钓鱼的技巧毫无保留地教给这个小孩。而且此后还需要小孩再不断去摸索钓鱼的技巧。小孩既然做出了与传统思维方法不同的决策,就需要在能够得到预期收益的同时付出一定的代价,这包括不能吃到鱼的痛苦和认真学习钓鱼技术的辛苦。在这样的决策基础上,小孩还需要付出百倍的努力去实践自己的愿望。

决策对于组织的发展非常重要,一些决策对于组织的发展是生死攸关的。决策就是为了达到一定的目标而从诸多拟选方案中选择一种合理方案的过程,所以决策一般具有超前性、目标性、选择性、可行性等特点。决策者决定着组织管理工作的成败,管理者尤其是高层管理者就担负着为组织制定科学决策的重要作用。好的决策能够为组织的发展带来较好的经济效益,进而使得组织兴旺发达;错误的决策会使得很多工作徒劳,甚至给组织带来灾难性的损失。管理者为了做出科学合理的决策,就需要不断把脉组织所处的内外部环境,审时度势,辩证思考。科学的决策是组织不断走向成功进而不断成长壮大的基础。组织的一次决策不能穷尽其中的一切问题,所以决策需要根据变化了的组织内外部条件不断调整,在进行决策的过程中坚持满意、分级、整体等原则。满意原则即两弊相权取其小;分级原则即决策要分级进行;整体原则即要保障组织中各部分之间不能出现矛盾。

秉公断案：知府辞官的思考

历史上有一个叫张绍的知府，为官非常清廉，赢得了大家的好评。有一次，一个犯人由于当街杀人按律当斩。张绍抓到犯人后就毫不犹豫地要对这个犯人进行处置。但是这个犯人却在公堂上对张绍说："我是当今宰相的小舅子，并且与万岁爷的交情甚笃，你杀了我后你也不会有好下场。"张昭见到这个犯人不但不伏法而且还在公堂上口出狂言，非常生气："王子犯法也要与庶民同罪，即使你是宰相的小舅子，我也要对你进行公正的制裁。"张绍命令自己的手下立刻对这个犯人进行了处决。从此知府不畏权贵的名声不胫而走。

斩完犯人后，张绍回到家中，开始对犯人在问斩前说过的话进行琢磨：如果犯人真的是宰相的小舅子，在宰相得知自己的小舅子被杀之后肯定会给我"穿小鞋"的。张绍越想越担心。张绍虽然在处决犯人这件事情上没有任何后悔，但仍然担心因为做了这样一件正义的事情而会使全家人受到株连。

想到此，张绍就打定主意辞去官职，在安排家人回乡下居住的同时自己踏上了负荆请罪的征途。宰相见到张绍后连忙将张绍请到屋中并对张绍说："你来得正好，我正好有一件事情通知你。"张绍说："我来此的目的就是向您谢罪并辞官的。"宰相听后非常不解，向张绍解释说："你误会了，你不是辞官而是升官，我要将你晋升为巡抚，难道你不想做巡抚吗？"张绍说："我杀的那个犯人不是你的小舅子吗？"宰相摇摇头说："子虚乌有，即使真是我的小舅子，你杀的也很有道理。"张绍本来是向宰相辞官并谢罪的，最后反倒使自己的官衔得到晋升，这是张绍所没有想到的事情，听到宰相对自己的夸奖，张绍反而不知所措起来。宰相嘱托张绍："你不要疑神疑鬼，认定正确的事情就要坚定地去做，不要有任何犹豫，你为官的风格造福了一方百姓，这是百姓的福音，也是对我的工作的鼎力支持,我非常感谢你,国家的兴旺需要有更多像你这样的好官。"

张绍正确地对犯人进行了处置,但由于犯人口出狂言说自己是当朝宰相的小舅子,这使得张绍感到非常不安。道理很简单,张绍害怕宰相因为自己的小舅子被斩而对他进行报复。因此,张绍在斩杀罪犯之后心神不宁,于是赶紧做好相关的善后安排,对自己的处境做出最坏的打算。张绍料想到自己会被宰相罢官、砍头等,甚至还会牵连到自己的一家老小。虽然如此,张绍对自己的选择并不后悔。斩杀罪犯是自己做官的责任,是民心所向。因此,即使罪犯是宰相的小舅子也不能姑息,正是由于张绍的刚直不阿才赢得了百姓的赞许。

在现实中也经常会遇到此类事情。管理者按照既定的制度对自己的下属进行处罚以便在所有的员工中间树立管理权威,但是下属中最难管教的往往是与自己的顶头上司有裙带关系的成员,顶头上司七大姑八大姨的存在使得管理者很难在管与不管、怎样管与不怎样管之间权衡。按照管理学的一般原理,管理者需按照既定的管理制度对被管理对象实施管理,但由于裙带关系以及私人感情等的存在会使得直接管理者在进行管理时没有底气,所以管理者即使刚直不阿地执行完管理制度后也会存在犹豫:自己的上司会不会对自己进行报复。

就一般的管理者的行为方式而言,听到罪犯大声嚷嚷自己是宰相的小舅子,马上就会放下手中正在进行着的事务而派专人进行调查,核实一下罪犯所言是否准确,如果经过核实发现罪犯是在说假话,然后再行斩首。其实这种情况下的斩首与张绍在故事中的斩首已经有了很大的不同。虽然最后的结果都是将罪犯杀死了,但其中包含了犹豫,如果证明罪犯确实是宰相的小舅子,知府的选择很可能就是让罪犯逍遥法外。张绍能够深得老百姓的称赞,就是由于没有这个犹豫的过程,不管你是不是宰相的小舅子,我都要按照法律规定执行,哪怕做了这件事情之后我被罢官也心甘情愿,老百姓对张绍的称赞不仅在于张绍执法的结果,还在于张绍执法的过程。

现代企业管理中管理者具有执行组织制度的权力。为了能够让所有的被管理者心服口服,就需要管理者秉公办事。虽然组织成员中也不可避免地会存在与管理者之间的亲情关系,但只有能够做到按照既定的制度办事,才能够真正将组织的利益放在第一位,只有这样的管理者才是组织制度的真正维护者。在管理过程中如果过多地掺杂了个人感情,就会让管理制度变味。组织成员虽然在努力为组织的发展作贡献,但由于不知道管理者最后是用感情还是用制度对自己的表现进行定论,所有优秀的组织成员的心情和感觉只能处于风雨飘摇之中。管理者在应对组织中出现的各种"困难"时,每次的裁决依据可能就会不同,甚至有的时候针对不同的成员进行裁决的依据会存在矛盾,这会使得管理者身心疲惫,当然管理者的这种行为也会使得组织中的其他成员"看破红尘",不可能忠心耿耿地为组织发展作贡献了。

决策需要魄力：项羽用兵

秦朝末年，军阀之间为了各自的利益相互混战。赵王歇被秦军围困在巨鹿，项羽主动请缨与秦军展开激战。渡漳水后，项羽命将士携带仅够三天吃的干粮，并把做饭的锅碗全砸掉，把渡河的船只全部凿沉，连营帐都烧了。他对将士们说："我们这次打仗有进无退，我们一定要一鼓作气把秦兵打退。"项羽以破釜沉舟的气概鼓舞全军将士，楚军将秦军包围起来，每位将士都精神振奋，经过多次激战，终于活捉了秦军首领王离，围困巨鹿的秦军被瓦解。

由漳水之战造就了一个成语——破釜沉舟。破釜沉舟表示了一种决策的气魄，做出这种断绝后路的决策是需要决策者具有充分的胆识和勇气的，管理者需要在长期的锻炼中才能够养就这样的气魄。表面上看，破釜沉舟是"一锤子买卖"，但管理者所希望的并不是葬身鱼腹，而是大败秦军之后奏凯歌班师回朝。项羽的这种决策方式能够振奋所有成员的士气，并进而紧密形成以管理者为核心的团队，所以破釜沉舟具有实施的前提。

破釜沉舟还在于用足够的勇气及时把握住机会。机会稍纵即逝，这需要管理者具有敏锐的观察力，能够用清醒的头脑分析组织所处的环境，并能够客观地梳理清楚有利于和不利于自己的方面。项羽及其士兵的优势在于：具有骁勇的领头人；士兵能征善战，具有很高的士气。在当代企业发展中不乏这样的成功案例。

希望饲料集团最开始是由兄弟几人卖鹌鹑蛋起家的,鹌鹑蛋较鸡蛋的营养价值高且口感不错,在市场经济发展的初期是一个新鲜事物,兄弟几人也靠卖鹌鹑蛋挣了不少钱。但是随着市场经济的发展,兄弟几人发现很多人怀着发财梦开始养鹌鹑。在这样的发展趋势下,随着鹌鹑养殖数量的增多,鹌鹑蛋的价格肯定会下降,鹌鹑蛋市场的竞争会很激烈。为了使自己的企业在发展中仍然处于优势,兄弟几人考虑到仍然在鹌鹑蛋市场上奋斗是不行的,而自己凭借多年养鹌鹑的经验已经总结出一套比较成熟的饲料配制技术,由于别人都在养鹌鹑,所以对饲料的需求量肯定非常大。于是他们果断地下定决心将全部鹌鹑杀掉,转而经营饲养鹌鹑的饲料。将自己的鹌鹑全部杀掉并转而经营饲料是一个巨大的思想转折,这也是在破釜沉舟中的冷静思考,这种冷静思考是发现新的发展机会的思考。

无独有偶,史玉柱在当时开发其汉字录入软件的时候,也正值中国汉化软件发展的最初时期。但随着在该行业的发展,史玉柱逐渐感觉到有更多软件开发商介入该行业。及时从该行业中退出并寻找其他的发展出路就成为史玉柱的理性选择。在经过对房地产市场探索的失败后,他终于找到"脑白金"这个新的成长点。其发展思路在于随着人们生活水平的提高,人们会越来越关注健康,所以营养保健品市场的前途必将是一片辉煌。房地产事业的重创自然会给史玉柱打击,但管理者的精神就在于置之死地而后生,在无限的创业激情驱使下,他找到了"脑白金"这样一根救命稻草。史玉柱的目标不仅在老年人身上,在打开老年保健品市场并发展成熟后,他又开始着手打入青少年营养保健品市场,这种有备而来和"蓄谋已久"的经营策略使得史玉柱的事业不断走向辉煌。两个事例都非常恰当地展示了管理者精于决策和善于发现商机的优秀品质。

破釜沉舟的含义还在于倾其全部做最后一击,拼上自己全部家当做最后一次努力,同时将自己的全部希望也寄托在这最后的一搏上,目标在于必胜。如果不胜利自己就没有希望,如果胜利了自己就会有更多的机会,不胜利背后的苟存于世还不如非常英勇地离去，既然将死亡都置之度外了，就没有什么可以畏惧的，战士在战场上自然会英勇奋战，所向披靡。

破釜沉舟不但需要管理者具有善于决策的魄力，而且需要所有成员的配合。一般而言，在成功的时候，组织的成员非常愿意追随管理者，管理者在这样的管理环境中也很容易达到一呼百应的目的。但是在团队遭受到挫折的时候，管理者仍然要达到一呼百应的目的就需要非常高超的管理技巧。管理者的责任在于通过一定的管理措施将组织内部的所有成员紧紧地拧成一股绳，成员需要在以管理者为核心的情况下抱着誓死一拼的决心。在这种关键的时候，最不能发生的就是管理者畏首畏尾，因为机会会稍纵即逝，管理者需要敢于面对现实并将自己的安危置之度外，不但为了自己而且为了组织的全体成员冲锋在前，这样的管理者才会让大家心服口服，并且成为所有成员追随的对象。英明的决策对于组织的发展具有非常重要的意义。

管理者必须做出正确的决策才能保证组织沿着正确的轨迹发展，但是管理者做出正确的决策并非易事，为了能够做出正确的决策，需要做到以下几个方面：一、避免好大喜功。管理者一般非常希望在下属面前展示自己的聪明才智，于是往往会出现好大喜功的情况，在决策不恰当时往往会给组织的发展带来阻碍甚至是损失。二、切忌模棱两可。领导者的决策一定要给下属一个非常清晰的轮廓。但是一些领导在下属向其请示问题时为了表示自己的平易近人，常常会用模棱两可的话来回答下属，这会使下属感到无所适从，以至耽搁了企业的发展机会。三、不要狼性多疑。领导者做决策虽然不能过于武断，但也要坚持自己的独到见解，只要自己的决策是经过缜密思考并且是建立在科学的推理基础上的就要据理力争。避免出现在做出决策时疑神疑鬼的事情发生。四、做到抓大放小。一些领导处理问题非常心细，以至在处理一些问题时过分关注问题的细节而忽视了核心问题，做到抓大放小从而把握住核心问题是管理者应该具备的基本素质。五、善于把握时机。机不可失，时不再来，这说明准确把握时机的重要性，但是准确把握时机需要建立在管理者的聪明睿智的基础上。为此要求管理者蓄势待发，当机立断，并且在环境发生变化时能够做到随机应变。六、做事留有余地。对任何事情都不能满打满算，防止出现可能的意外状况而适时进行调整，保证方案留有余地，这会令以后的决策具有回旋的余地。

决策基于调查：亮剑有道

单位里来了位能人担任新主管来整顿显得比较混乱的业务。可让人失望的是，随着日子一天天过去，却不见这位新主管有任何动静，每天只是躲在办公室内礼貌地与同事打招呼而无其他作为。单位里的"死硬分子"看到这位新主管较前任更加好对付，于是愈加变本加厉。半年过去了，这位新主管开始"发威"了，对所有的"死硬分子"一律进行清除，其下手之快和判断之准是单位中的那些坏分子始料未及的。

新主管在施行改革后的宴会上向大家祝酒并说道："大家对我新上任之后的表现肯定感到不满，但是听我给大家讲个故事，可能你们就会理解我了。"这位新主管讲道："我的一位朋友买了处大宅子，搬进去后就将所有的杂草一律清除，以为自己喜爱的花卉腾出地方。但是后来他才知道他将先前种着的名贵的牡丹连同杂草一起清除了，感到非常惋惜。这位朋友后来又买了一栋豪宅，在清理院子的时候就不像原先那样冒失了。果然，本以为是杂树的植物春天里开出来鲜艳的花朵；曾经认为是野草的植物到了夏天却是花团锦簇；半年一直都没有任何动静的小树到了秋天居然红了叶。仅仅是一个院子，经过一年的观察却让朋友有了不少的意外收获。在了解清楚情况后，朋友才雇佣工人师傅开动机器大刀阔斧地铲除了真正的杂草。"

随后，他向大家敬酒，并继续说道："咱们单位中的'死硬分子'就像是我朋友院子中的杂草，只有经过长期的观察才会发现他们，也只有在这个时候才会动铁铲有针对性地除掉他们，否则在没有清楚认识他们之前就开始挥动铁铲，在将杂草铲除的同时也会将名贵的花木一同铲掉，而这会给单位的发展带来不必要的损失。调查研究是发言的基础，这需要挥铲者在挥动铁铲前进行缜密的观察。"

新主管在新官上任之始并没有马上开始行动，而是经过了大概半年的缜密观察才确定了整顿的对象，这体现了新主管精于管理的优秀品质。"新官上任三把火"是平常人的思维方式，而该新主管上任之始并没有抡起板斧，而是非常谦恭地待人接物，给别人的感觉是对单位的"死硬分子"无能为力，而这也正是新主管麻痹坏分子的陷阱。设陷阱的目的在于守株待兔，这样捕获"猎物"的效率会较满山追赶"猎物"的效率要高得多。新官上任后的"三把火"需要在充分把握情况之后才能烧起，否则就会引火烧身。新上任的主管半年内都没有烧起这样的旺火，就是在蓄势待发。新主管在相当长的时间内保持沉默，就是要对单位内的员工进行"名贵树种"和"杂草"的甄别，以便有的放矢地斩断杂草。

故事中的新主管办事如此认真，不仅是对单位负责，也是对员工负责。管理者具有管理员工的权力，但是如果不能很好地了解员工而武断地给每个员工下结论，就可能犯下像新主管的朋友一样的错误，将杂草与名贵树种同时铲除，杂草自然得到了应得的报应，但是名贵树种却成了"冤死鬼"。为了保障做事情公正合理，即既能够保全名贵树种，又能够割除杂草，就需要主管付出很大的心血进行鉴别，这是管理者的责任及义务。故事中的新主管"迟迟不动"就是在严格履行管理者的义务。很自然，管理者在工作上如此用心就需要付出很大的代价，需要管理者认真甄别每一个个体，以便正确区分良莠。

管理学中认为，管理者履行职责需要责权利对等，被赋予相应的权力进而履行相应的职责后要得到相应的回报。但是按照如上的逻辑，若管理者在相应的职位上得到了职位所赋予的回报，但没有履行相应的职责，这等于零成本套利。管理者付出零成本，但企业的发展付出了代价，并且所有的优秀员工也都付出了巨大代价。新主管认真观察单位内的坏分子并且付出了很大的精力，这无需任何人督促其这样做。管理者付出多少心血进行管理在很大程度上不是依靠制度，而是靠自身的敬业精神。新主管将甄别花草良莠作为自己的事业而不简单地停留在职业层次上,从而使得管理行为达到了高境界,这种境界的达到不能靠制度维持,而是需要管理者自身的内在软约束,需要以管理者的高度责任心为依托。

决策是一项非常复杂而重要的工作,不能在没有进行充分调查研究的基础上做出草率的结论,否则很可能会得出错误的结论。在实践中需要认真执行以下基本程序:一、调查现状,发现问题。决策的第一步是分析现状并发现其中的问题,任何决策都是从发现和提出问题开始的,发现问题后必须明确问题发生的时间、地点、原因及可能产生的影响、严重性等,管理者在处理这些问题时可以分出轻重缓急并尽快理清解决问题的头绪。二、确定决策目标。决策目标是指企业在进行充分的市场调研的基础上预期达到的研究成果,确定决策的目标是决策中的最重要环节。在确定决策目标时要注意以下一些问题:目标要尽量数量化和具体化,以便于操作;在充分考虑各种可能性之后确定目标;要明确目标实现的前提条件;在制定目标的过程中要分清主次。三、拟订备选方案。决策目标一旦确定,就要在收集组织内外部各方面的相关信息的基础上确定备选方案,力求收集到的资料丰富、准确,在此基础上就可以考虑尽量多的可能性并因此确定更多的备选方案,在众多备选方案中选择出的方案就越加合理有效。四、评价决策方案。选定备选方案后,就要对备选方案进行评价,评价的方法有经验判断法、数学分析法、实验法。五、正确选择方案。选择方案就是在对各种备选方案进行权衡之后,决策者最终选择最优方案的过程。根据方案的重要程度不同,在最终选择方案时可以采取集体决策或者由主管领导进行拍板等不同形式。六、实施方案。方案定下来后就要付诸实施,决策的结果是否正确需要通过实践进行检验。七、监督反馈。在方案执行过程中要及时将相关的信息反馈给决策者,以便于决策者及时判断方案的优劣。方案执行中出现的一些小问题需要在现场控制中得以解决。如果未出现各种问题,这当然是方案选择最为理想的状态。如果出现了重大问题,则需要采取即刻制止的决策,以免方案继续执行,给企业带来重大损失。

第 **11** 部分　**包子好吃不在褶上:**

领导素质

管理者的素质是指在先天禀赋和后天习得的基础上形成的、管理者在管理过程中发挥作用的各种因素的综合。评价管理者的素质一般从德、识、能、体等几个方面进行。德就是道德素质，一般认为，没有良好道德素质的人不适合做管理者，因为这样的管理者会潜移默化地影响组织中的所有成员，以致在组织中形成不良的文化氛围，阻碍了组织的发展。识即知识，包括管理者具备的知识结构以及知识的丰富程度。管理者为了胜任工作，就应该具备广博的知识，不但要具备一般的专业方面的知识，还应该具备管理方面的知识，以便能够不出差错并很好地与组织成员进行沟通。能即能力，管理者应该具备策划、决断、协调、创造、交流等方面的能力，只有这样才能够很好地引领组织的成长，组织能够得到迅猛发展是管理者领导能力的突出表现。体即身体，管理者为了胜任管理工作需要具备较好的身体素质，如果管理者不具有健康的体魄，就不能够应付繁杂的日常管理事务。由身体疲弱的管理者领导的组织就不会具有朝气，这种"老态龙钟"的企业在同行业中是不具备竞争力的。

管理者承担责任：李离自刎

李离是晋国的一名狱官，审案从来没有出现过失误，有一次在审理一桩案件时，因听信了下属的一面之词而造成了一桩冤案，后来经过多方取证之后真相大白，李离感到自己没有颜面见百姓，准备以死进行赎罪。晋文公说："不要过分自责，作为狱官难免会出意外，只要引以为戒，以后不再发生类似的事情就可以了，你以前断的案子中非常准确并赢得了百姓的赞誉，相信百姓会原谅你这次疏忽的，况且原因也不完全在于你自身，下属报告给你的信息错误是其中的重要原因，所以对下属进行责罚也是非常应该的事情。"李离并不认同晋文公的说法，认为案件错判虽然有下属的责任，但如果自己在审案过程中更加仔细些，这样的错误是完全可以避免的，这是不能被饶恕的。李离拒绝了晋文公的原谅，拔剑自刎。

也许有人会说李离有些小题大做，一个好官在一生从政的过程中也不免要有些错误，如果以前所有的断案都没有失误，而仅仅出现这样一次失误也是可以理解的。因此，从这个角度而言，晋文公对李离进行开导并不是有意对李离所犯错误的开脱，李离完全可以顺坡下驴，并且保证在以后的工作中不再出现类似的失误。如果按照这样的思路去做李离也是无可厚非的。但是李离对自己的要求很严格，并不认为自己的错误可以迁就，反而自责在工作的过程中没有与自己的下属之间进行有效的沟通，所以自认为下属的错误就是自己的错误，并且认为这样的错误完全应该由自己承担责任。

一个错误让自己以命相抵,李离承担错误的方式在当代管理者看来实在有些严重,但这在李离看来是理所应当的事情。李离能够以身作则并主动以自己的性命来弥补曾经犯下的错误,其精神是值得后人称赞的。海尔的总裁在谈到如何做企业的时候曾经说过:"企业首先要卖信誉,然后才是卖产品。"把这句话延伸一下,可以这样理解:作为一个管理者,首先要正己,然后才能正人,做事之前要先做人。管理者要想管好自己的下属,首先需要做到自己身正行端。李离这样的榜样力量是无穷的,管理者首先需要严格要求自己,这种严格要求实际上就是管理者的信誉。管理者在其位置上可以享有相应的利益,就需要依托严格的制度承担相应的责任,不能只享受相应岗位的利益而不承担相应的责任。

只有像故事中的李离一样能够主动承担责任,管理者才能够在下属中间树立威信,并且使得此后的工作顺利开展。组织中需要这样信誉程度很高的管理者,为此管理者就需要承担更多的责任,并且做到风险与收益对等。只有这样才能对管理者的行为有所约束,让管理者感到自己的工作出现差错的时候,需要以很大的代价弥补自己的过失。只有这样的管理者才能够代表整个组织的利益,全身心地投入到工作中并且为下属谋福利。

管理者在相应的管理岗位上要勇于承担相应的责任,要事事以身作则,严格要求自己,做到"己所不欲,勿施于人",只有依托自身的正气及在员工中的威望,才会上下同心,大大提高团队的整体战斗力。企业管理中,一些管理者拼命得到管理岗位,原因在于这个职位能给自己带来巨大的利益,更多的时候,他们看到的是职位收益而没有看到职位责任。在这个职位上由于具有了与高层管理者相互交流的机会,于是会顺便疏通各方面的关系,不但为以后走上更高级别的工作岗位奠定人际基础,而且还可以通过这些人际关系弥补在工作中的过失,于是在员工心中留"官官相护"的印象。只要做了管理者,这种管理文化就会不自觉地为管理者所接受。

每个管理者在日常工作中都可能出现一些小的差错，其他的管理者在为这个管理者说好话的同时，也就意味着在自己出现了类似的问题的时候，也会有其他人为自己说好话。这样不但可以保住自己的管理者的位置，而且还可以保住所有管理者的位置。在很多时候，管理者在出现了一些问题后马上想到通过动用各种人际关系减轻自己的"罪恶"，殊不知在自己的"罪恶"被减轻的同时也就加大了受害者承担的成本。受害者往往是弱者，是被管理者，不可能有与管理者一样比较丰富的社会资源，所以管理者被减轻的罪责越大，则被管理者承担的损失也就会越大。而被管理者的呼声往往无法传递到管理者那里，这种呼声会被庞大的管理关系网所屏蔽。因此，在这种不健康的管理文化中也会造成更多的人想挤入管理者圈层。当挤入管理者圈层之后自己就会占有更多的资源，并且在做更多的事情的过程中具有主动权。

当新加入者被既有的管理圈层成员同化后又会继续演绎前面谈及的管理文化，因此，人情管理只会将"管理精神"恶化而不是优化。李离这样一个狱官在自己犯下人命关天的错误时会主动认罪而没有由于晋文公的迁就而苟活，这种严于律己、克己奉公的精神会对人情文化进行抵制，在一定程度上"澄清"了官文化。

251

欲望要有节制：贪婪的下场

有这样三则故事说明了基本相同的道理。

第一则故事：有一个喜欢发财的懒人，有一天，一只大鸟飞到他前面说可以满足他的要求，不过大鸟告诉他："我们去的这个地方很危险，是太阳升起的地方，那个地方满是金子，太阳升起后会很热，你事先准备好袋子，捡拾一些金子后我们就马上离开，否则金子太多我就会飞不起来，最后就会被烧死在那个地方。"懒人听了大鸟的话后非常高兴，当天晚上就准备了足够的袋子，第二天很早就到了大鸟指定的地方。大鸟早就等在那里了，见到懒人后大鸟张开翅膀让懒人坐上去，飞快地向太阳升起的地方飞去。到了那地方后懒人从大鸟的身上下来，发现满地都是闪闪发光的金子，于是开始贪婪地捡拾地上的金子，以致完全忘却了时间。一旁的大鸟看到懒人贪婪地捡拾地上的金子完全忘记了时间，于是催促懒人说："差不多就行了，赶紧罢手，太阳就要升起来了，赶紧走！"但懒人仍然在贪婪地捡拾金子，大鸟终于不能再等懒人了，自己飞走了，懒人被烧死在了满地是金子的地方。

第二则故事：在一座蜂蜜工厂的仓库里洒了很多蜂蜜，蜂蜜香吸引许多蜜蜂前来舔食，因为这些蜂蜜太香了，使得这些蜜蜂贪婪地舔食蜂蜜，一个个都吃得鼓鼓的。这些贪吃的蜜蜂的体重增加了很多，加以地上的蜂蜜很黏，使得蜜蜂最后都被粘在了仓库的地板上而不能飞走了。由于每只蜜蜂的体重都非常沉重，所以相互之间没有办法帮忙，这些蜜蜂在临死前都非常痛心，后悔自己过于贪心，因为一时的快乐而葬送了宝贵的生命。

第三则故事：蛣蜣是一种能够背负重物的小虫子，在爬行时无论遇到什么样的东西都要捡起来放在自己的背上，无论多么吃力也要使尽全身力气背上这些东西。蛣蜣的脊背非常粗糙，这样可以使得放在上面的

252

东西不会轻易落下来。蜗蜒就这样一路捡拾，最后终于被压得不能再向前爬行了。过路人很同情蜗蜒，所以往往会帮助蜗蜒将其身上的东西去掉，但是蜗蜒并不理解路人的举动，还是看见东西就会捡拾到自己的背上，一直到被压倒在地上不能动弹为止。

三则故事中都体现了一个共同的思想，就是切勿贪婪。贪婪使得懒人被烧死在了岛上，使得蜜蜂被困死在仓库中，使得蜗蜒被自己捡拾的东西所压死。无休止地贪念造成了懒人、蜜蜂和蜗蜒自己所不希望的结果。企业的发展不能过于贪婪，企业的管理者也不能过于贪婪，否则企业就会倾覆。

在《荀子》中记录了这样一件事情：孔子有一次到供奉鲁桓公的庙里参拜，发现在鲁桓公像的旁边有一个倾斜的器皿，于是就询问寺庙中的工作人员，工作人员告诉孔子说："这个器皿是君王用以警戒自己的。这个器皿有一个特点就是空着就会倾斜，倒满一半水就正了，但是灌满了水后就会倾覆。"孔子于是让随行的弟子向器皿中倒水。随着水的注入，大家看到：当注入一半水的时候，器皿就开始端正了；当灌满水的时候，器皿就倾覆了；但是在器皿空着的时候，器皿就倾倒了。孔子见到这个情况后非常感慨：器皿满了就会自然倾倒，这实际上是在昭示人们不要骄傲自满，只有谦虚谨慎才能够保持"器皿"处于正常放置。随行的弟子于是问孔子说："需要用什么样的方法使得器皿盛满水又不倾倒呢？"孔子说了一番话，让这些弟子顿开茅塞。孔子说："聪明圣知，守之以愚；功被天下，守之以让；勇力抚世，守之以怯；富有四海，守之以谦。"这句话的意思是：一个人如果具有智慧也不要张扬，而要用愚钝的方法来保持它；一个人功劳遍及天下也不要高傲，而是要用谦让来保持它；一个人即使勇力盖世，也要用胆怯来保持它；一个人如果富足而拥有四海，需要用节俭来保持它。其实孔子说的这段话意思非常简单，用现在的话来讲就是低调做人，切忌贪婪。

专家对这个器皿做过解释,如果装入的水过多,则会使器皿的重心偏移,从而导致水全部倾覆。但是当水比较少的时候,器皿重心就会比较低,从而使得器皿保持平稳状态。这个器皿的设计映射了做人的道理,即做人不能太过贪婪,否则就会倾覆,只有心态平和才能保持常态。

管理者是一个企业的核心,较普通员工具有更多的优势,有很多的机会可以在众人面前表达自己,因此很容易产生高高在上的感觉,从而不易与组织中的其他成员合作。管理者如果过分炫耀自己,被管理者就有被愚弄的感觉,就会认为自己总是管理者的"陪衬",本来应该从组织的发展中得到一些回报,但没有得到,于是就会产生与管理者不合作的态度。管理者经常忽视自己下属的感觉,自然会形成众叛亲离的局面,这时的管理者就像盛满水的器皿或贪婪的懒人、蜜蜂和蛤蜊一样了。

管理要未雨绸缪：山猪何以磨牙

狐狸在演绎了狐假虎威的闹剧后，感到自己非常伟大，自己的才能已经远远居于老虎之上，自己已经成为了森林中的领军人物，于是每天都洋洋得意地在百兽之间穿梭。这天它正在得意忘形之际，看见山猪在一棵大树旁勤奋地磨牙。狐狸看到后大惑不解，于是走上前好奇地问山猪这样做的原因。山猪说："现在没有猎人追赶，我当然不会感觉到有任何危险，但是当猎人或者其他猛兽追赶我的时候就没有时间磨牙了，如果平时有闲散时间，就将牙磨得非常锋利，遇到危险的时候想到的就不是单纯的逃避了，而是迎上前去进行抵挡。只有有了锋利的牙齿才敢于上前进行抵挡，单纯的逃避只能展示自己的软弱。有力的攻击才能做到真正的防守。"狐狸感到山猪的话很无聊，对于自己而言毫无意义。

这天，狐狸在林中行走，突然碰见一群饿狼，这群饿狼见到狐狸，赶紧聚拢了过来。狐狸非常招摇地向这群狼述说起当年自己与老虎啸聚山林的威风，一边说着话一边向狼展示自己"尖利"的爪牙。狼见到狐狸这个样子，说："你这个跳梁小丑还敢在我们面前耍威风，兄弟们吃了它。"于是群狼开始靠近狐狸，狐狸见情况不妙赶紧逃窜，群狼在后面紧追，其中一只狼差点就捉到了狐狸的尾巴，狐狸一边跑一边大呼救命。正在这时遇上了前来的山猪，狐狸赶紧跑到了山猪的背后，向群狼说这是它的朋友。群狼看见了山猪尖利的牙齿不敢靠近，在相持了很长一段时间后还是决定撤退。群狼走后，狐狸对山猪千恩万谢，狐狸开始意识到光靠狐假虎威是不能称霸世界的，需要从小事做起，从此认真练就防身之术。

山猪知道在森林中生活时刻都可能遇到危险,躲避自然是不错的方法,但在很多时候是躲不开的,这就需要迎上前去凭借自己的实力击败竞争对手。但是能够击败对手的实力不是凭借一股勇气就能够做到的,本事是在平常练成的。因此,山猪具有居安思危和未雨绸缪的大智。而狐狸只是凭借一时的小聪明才具有了张扬的机会。但在这次与群狼遭遇的过程中,狐狸确实感到了山猪的智慧,感觉到遇险时最主要的御敌策略还是凭借自己的实力。

未雨绸缪是山猪的品质,这种品质可以使得山猪具有坚强的体魄并能够抗御强悍的敌人。这种品质也是管理者应该具备的。审时度势,居安思危,分析事情发展的趋势并能够前瞻性地发现潜在问题,从而在问题没有发生之前就制订多种可资防范的方案,做出正确的决策,避免打无准备之仗。管理者的创新型管理思路与方法就是山猪的獠牙,有了这样的利齿就可以应付来自竞争对手的围攻了。管理者未雨绸缪的精神就是"洪水未来先筑堤,豺狼未来先磨刀"。春秋时期的智伯瑶攻打赵襄子,赵襄子退守晋阳城内。此前晋阳一直由赵襄子的家臣董安于经营。在赵襄子依托坚固的城池抗拒智伯瑶半年后,用以抗击攻城的箭用完了,这下可急坏了赵襄子。这时赵襄子的谋士说:"据说董安于在管理城池的过程中准备了很多的箭。"经过仔细地搜寻,他们发现宫殿的墙壁都是用苇箔和竹子做成的,并且宫殿的柱子都是由铜铸成的。看到这些之后赵襄子非常高兴,赶紧差人用苇箔、竹子和铜等做箭。赵襄子凭借这些坚守了晋阳三年之久。如果在晋阳非常安全的时候董安于没有想到有一天这座城市会受到他人的攻打,就不会有事先用苇箔、竹子做墙壁,用铜做柱子的先见之明,当然没有这样的先见之明就会使得晋阳遭受灭顶之灾。赵襄子危难之际退守晋阳并得以保全,董安于居功至伟。

未雨绸缪是管理者尤其是高层管理者必须具备的基本素质,不能未雨绸缪就不能把握企业的发展方向,也不能积极地判断企业发展的机会和受到的威胁。在激烈的市场竞争中,高层管理者只有未雨绸缪才能发现新的机会,使得企业发展多元化，以一个核心产业为母体逐渐将自己的触角衍生到其他的相关产业之中去，使得企业发展不是单纯的退守，而是以攻为守，从而令企业越做越大。只有磨剑才能亮剑，山猪能够在闲暇之中磨牙，就是为了防备不时之需。狐狸没有从根本上提高自己的"硬实力"，只是凭借三寸不烂之舌在实力威猛的老虎大王前面游走，终究不是长远之计。

专注目标：父亲与三子的对话

一个父亲带着三个儿子到沙漠中捕杀骆驼，到了指定的猎杀地点时，父亲问老大看到了什么，老大回答说看到了猎枪、骆驼还有广袤的沙漠。父亲对老大的回答不太满意。然后问了老二同样的问题，老二回答说看见了爸爸、弟弟和哥哥以及哥哥刚才回答时所提及的东西。父亲还是不满意，然后问老三。老三的回答是："我只看到了骆驼。"父亲对老三的回答非常满意，并回过头来教育老大和老二说："老三的答案我最满意，原因在于老三非常清楚我们此行的目标，只有专注目标才不会迷失方向，我们到沙漠中来的目的只有一个，就是捕杀骆驼，但是你们两个到沙漠中来之后被大沙漠的风景所迷惑，眼中所看到的不仅有骆驼，还有骆驼之外的东西，在你们的眼中仿佛骆驼之外的东西比骆驼更有吸引力，这样就分散了工作的精力，在做某件事情的过程中一般会出现各种各样的扰乱因素，但是只有具备抗御其他扰乱因素诱惑的能力才能够将捕杀骆驼的事情做好。"

这个父亲对儿子的教育是非常正确的。做事情只有做到全神贯注才能够将有限的精力用在最需要的地方，并且也只有这样才能够将要做的事情做好。人们在成就一件大事的过程中会受到各种因素的影响，这中间既包括智力因素，也包括非智力因素，而且非智力因素往往所起的作用更大。人们做事成败有时并不取决于聪明程度，而是取决于在做事之前是否有过精心规划，并且按照预先的设计集中全部精力做事情。有这么一个儿童故事中，讲的是一只见异思迁的小猴子到野外采果实，看见桃子认为桃子好，看见苹果认为苹果好，最后在看见玉米的时候居然将此前的选择全部抛弃掉，转而掰玉米，在看到蝴蝶的时候又将玉米扔掉去追蝴蝶，但是由于蝴蝶翩翩飞舞，猴子没有本事将其捉到。猴子忙碌了一天一无所获，最后只能空手而归。猴子在一天中有很多追求，但总是在不断放弃既有的追求和产生新的追求，在既有的追求没有实现之前就开始了新的追求，而在有新的追求的时候又开始演绎以前的过程，最终没有实现任何一个追求。猴子所犯的错误与前面故事中的老大和老二犯的如出一辙，即都没有锁定自己追求的目标，并且始终如一和锲而不舍地去做。

一个组织在发展过程中，管理者为组织的发展起着掌舵和把脉的作用。管理者全神贯注就能够使得组织的发展目标不会发生偏离。专注目标是管理者应该具备的基本素质。故事中的父亲对三个儿子起到了及时把握方向的作用，儿子在打猎的过程中偏离了预期的行为方向时父亲能够对其行为进行调整，使得偏离了预定方向的行为得以及时更正。儿子扮演的是员工的角色，父亲扮演的是管理者的角色。

在某些程度上讲，员工具有偏离行为目标的"自由"，但管理者不具有这种"自由"。员工在偏离了既定目标时会有管理者去规范员工的行为，但管理者在发生了相应的错误的时候就没有人能够对其进行劝阻，管理者若执迷不悟，就会令整个组织的发展方向偏离正轨。因此，管理者应该具有"自省"的素质，时刻提醒自己并且检查自己的行为，保障自己的行为按照组织既定的发展目标进行。为了使得管理者能够不发生故事中老大和老二犯的错误，在进行决策的时候就需要采取更加民主的方式实行集体决策。对于组织发展具有重大影响的事情，组织的核心管理者一定要让组织中的其他成员具有发言的权利和机会。核心管理者要能够积极倾听下属的意见和建议，将合理的建议适时地吸收到管理实践当中去。

故事中的父亲适时地考察几个儿子的动向,让儿子在"乱花渐欲迷人眼"的情况下能够"咬定青山不放松",对儿子的想法能够及时进行甄别并令儿子的注意力及时回归到"捕杀骆驼"这件事情上来。如果没有父亲与儿子之间的对话,则父亲就不会及时发现儿子之所思所想,老大和老二的错误思想就不能得到及时地纠正。在组织发展中,管理者与被管理者之间的适时对话就可以达到信息沟通并凝聚人心的作用,使得组织内所有员工都能够凝神定气地朝向组织共同的目标努力。

父亲对老大和老二提出了适时地批评并对老三进行了表扬。在父亲对老大和老二进行批评的过程中老三自然会感到自豪,而老大和老二在父亲对老三的表扬中也会认识到自己的不足,并通过向老三学习逐步提高自己。父亲在此过程中不自觉地建立起了学习型组织。在父亲的带动下组织中逐渐形成一种相互学习的氛围,在这种氛围中,所有的成员都会从其他人那里学习到自己所不具备的优点,从而每个人的素质都会得到不同程度地提高。这种组织氛围是任何一个管理者所希望形成的。在组织中的成员之间形成了这种学习的氛围之后,管理者可减少很多不必要的工作成本。

换位思考：电梯中的镜子

看电梯的小姑娘小张与大家非常熟悉了，几乎能够叫出每个人的名字，平日里也喜欢和大家开玩笑，在小张的眼里整个楼上住的都是知识分子，有什么稀奇古怪的问题都喜欢问大家。

有一天，住在十层的李老师刚一进电梯，就被小张的问题问住了。"李老师，我想问您一个问题。""说吧。""你说在楼梯间里电梯门的正对面为什么要安装上镜子？""这个非常容易，是让进入电梯的人顺便整理一下自己的衣衫。"小张听完李老师的话后哈哈大笑起来："错了，这个问题今天我问过好多人，没有一个回答正确的。""我快到家了，你就别卖关子了，你看快到十层了。"小张说："其实很简单，正确的答案就是，方便残疾人进入楼梯间时不用转身就知道到了几层。"小张的话说完了，电梯也正好到了十层。小张的答案几乎让李老师半天忘记了迈开步子走出电梯。小张提醒李老师说："李老师，到家了。"李老师这才若有所思地走出电梯。"唉，这么简单的答案我怎么就没有想到呢！"

是呀，李老师没有给出正确答案，这不奇怪，很多与李老师一样的人也没有给出正确答案。这些人没有给出正确答案的原因在于这些人都是健康人，所有人思考问题的基础都是从健康人的角度出发的，没有一个人会从残疾人的角度考虑这个问题。假如是一个坐在轮椅上的残疾人回答这个问题，相信答案与李老师的答案肯定会有很大的不同。对于同一个问题，不同人会给出不同的答案，但所有的答案都是从问题回答者的角度出发的,从其他人的角度回答问题的人是很少的。社会虽然在突飞猛进,但"从个人角度思考问题"这个人性的弱点是始终没有改变的。

从其他人的角度考虑问题会有完全不同的答案,这是管理者所需要具备的基本素质。只有具备这个素质,管理者才能够具有全面认识问题的综合素质,从而为组织的发展创造更多的机会,并且高效利用组织的人才,同时也可以充分认识自己身上的缺点或者过失,在其他人的帮助下不断改正和完善自己,尽量少地给组织的发展带来损失。作为出色的管理者,善于从其他人的角度考虑问题,在激烈的竞争中是非常必需的。就是因为诸葛孔明不但善于从自己的角度出发考虑问题,而且善于分析敌对者的用兵思路,才有了"草船借箭"、"火烧赤壁"、"三气周瑜"、"空城计"、"七擒孟获"等诸多著名战例。

管理者与被管理者思考问题的方式是不对等的。在考虑同一个问题的时候所站的角度不同,导致解决问题的思路不同。若员工需要管理者做的事情管理者没有做或者不愿意做,而管理者已经做了的事情不是员工所需要的,或者是与员工的需要相违背的,这样的管理者在员工看来就是官僚主义、形式主义。管理者很多时候做事是非常努力的,但其所服务的对象不是普通员工,而是自己的上级,这种做事方法就会导致管理者的发号施令不是建立在群众基础上的,员工的工作积极性就会不同程度地丧失。管理者的目标实际上与员工的目标应该是一致的,即促进组织的高速发展。但是管理者如果没有对其下属进行充分了解,进而因地制宜地激发员工的工作积极性,管理者的努力就会导致员工的不配合或者不积极地配合,这是管理者所不希望的。管理者没有进行换位思考是造成问题的根本原因。

楼梯间里的镜子的位置这么一个简单的问题反映出的道理实际上并不小。这个问题实际上并不是那么复杂,管理实践中实际上都是因为一些小事情没有处理好而造成大事情不能做好的。这些小事情没有做好的原因就在于处理事情的思想基础存在一定的问题。在面对同一个问题的时候,较多地从对方利益的角度考虑,同时尽量转变"以个人文中心"考虑问题的方式,在问题处理的过程中就会让利益相关者心里感到温暖,从而会相互体谅的社会氛围得以形成,这个社会中的所有人关心更多的是给予而不是索取,实际上每个人得到的东西并没有减少,人们在这样的社会环境中的感觉是不一样的。

对于楼梯间里的镜子的位置这个问题,虽然李老师以及众多与李老师一样的人没有正确回答小张的问话,但这并不意味着就没有人考虑到这样的答案。当时安装电梯的师傅不就想到了这个问题吗!虽然绝大多数人都是健康人,但安装电梯的师傅还是考虑得非常周到,为坐轮椅的乘电梯者特别安装上了镜子。绝大多数人都没有从对方的利益进行考虑的习惯,但装电梯的师傅有这种思维习惯就可以了。装电梯的师傅就代表了组织中的中高层管理者,作为管理者尤其是高层管理者首先应该具备这种素质,因为这些人真正决定着组织的发展轨迹。

换位思考是人与人之间达成理解的不可缺少的思维方式,人们在考虑问题的时候与对方联系起来从而站在对方的立场上体验和思考问题,就能够与对方建立起感情上的沟通。在管理之间换位思考可以有效地协调工作,消除冲突,增进组织成员之间的相互理解。组织内部的每个成员分工不同,如果成员之间的工作不能密切地配合,就会影响全局。换位思考可以使得组织成员在相互理解的基础上保持良好的合作氛围,将组织内部成员之间的矛盾进行有效地化解,减弱和消除组织内耗。在管理实践中,管理者容易常形成本位主义、官僚主义的思想。只有换位思考才能够让管理者进行自我约束,从而主动发现自己在工作中存在的问题。管理者的行为具有榜样和示范的作用,当组织中的全部成员沐浴在这样的文化氛围中,就不会担心别人算计自己,从而将全部精力投入到工作当中,正义、正气、团结、互助、理解、上进的组织文化就此形成,组织的优秀成员就会脱颖而出。

笔者在长期的教学实践和与企业合作进行课题攻关的过程中发现企业管理中有很多需要切实解决的实际问题。这些问题有些是实践者意识到不能解决的,有些是实践者遇到了但不愿解决的。笔者在诸多研究报告中针对相关实际问题提出了具有开创性的解决思路,事实表明能够为企业解决诸多实际问题。当然,学术研究与管理实践还是存在很大差别的,但本著作中的故事都经过精心设计并且映射管理实践所出现的问题。读者可能在其他地方也看到过类似的故事,但本书的分析视角有所不同,故事分析中提出的想法在一定程度上能够达到根除企业病症的目的。本书中的所有观点仅作为探讨之用,希望能够得到学界同仁的共同探索。

如果说本人在此书中的表现有所进步,也是建立在同仁已经取得的成果的基础上的。管理是一门复杂的学问,而作为书斋里的教书先生,笔者长期的工作主要是理论教育,实践经历无论如何也不如企业家,所以本著作在表述一些看法时肯定有一些不着边际的地方,同时,如果著作中的某些观点与学界同仁的观点相抵触,希望能够得到学界同仁的批评、指正、谅解。

其实夫人曹建华女士是我的所有作品的第一读者。写作中,我的一些怪诞的想法常常遭到夫人的批评,但对于这些我都感到无尽的快乐,因为夫人对我的批评就是对我的鼓励,是对我的成果的认可。每当我有一篇新的作品发表,夫人总是高兴地拿给我看,因为她知道看到自己的作品变成铅字是我最大的快乐。平时我只知道坐在电脑前一个字一个字地将自己的想法敲在屏幕上，而夫人却把可口的饭菜摆在了饭桌上，是她默默地承担起了全部家务、赡养老人以及抚养儿子的重担。对于这些我很少顾及，现在想起来如果没有这样一个坚强的后盾，我的著作很难顺利完成。应该说，书稿是我的作品，更是夫人的作品，书稿中凝结了夫人的辛勤汗水。

同时也要感谢我的学生们，是他们在课堂上与我针锋相对地交流管理思想，不加保留地将自己的思想奉献给我，使我在本著作的写作中有了更多的灵感，从而使得文章的内容更加丰富。学生是我一生中最宝贵的财富，有了你们我才快乐，我才会不知疲倦地写出我的想法，并通过认真备课与你们交流思想，希望你们在读完此书之后能够给我以批评和指正，以便我能够有更大程度的提高。感谢你们！

由于著作出版时间紧迫以及本人的能力有限，书中错误和疏漏在所难免，敬请各位读者海涵，也希望读者能够提出宝贵意见和建议，以便在出版后期著作时极力克服，以期能够提高著作质量。本书是站在学界同仁的丰硕成果上写成的，敬请同仁不吝给予批评和教诲，以利鄙人有更多进步。

孟祥林

2011 年 12 月于华北电力大学

图书在版编目(CIP)数据

读故事 学管理/孟祥林著. —杭州:浙江大学出版
社,2012.5
ISBN 978-7-308-09680-5

Ⅰ.①读… Ⅱ.①孟… Ⅲ.①企业管理—通俗读物
Ⅳ.①F270-49

中国版本图书馆 CIP 数据核字(2012)第 027759 号

读故事 学管理

孟祥林 著

责任编辑	季 峥	
出版发行	浙江大学出版社	
	(杭州市天目山路 148 号 邮政编码 310007)	
	(网址:http://www.zjupress.com)	
排　　版	杭州大漠照排印刷有限公司	
印　　刷	杭州杭新印务有限公司	
开　　本	710mm×1000mm 1/16	
印　　张	17	
字　　数	230 千	
版 印 次	2012 年 5 月第 1 版 2012 年 5 月第 1 次印刷	
书　　号	ISBN 978-7-308-09680-5	
定　　价	39.00 元	